大展好書　好書大展
品嘗好書　冠群可期

中華傳統武術 10

通臂二十四勢

大展出版社有限公司

郭瑞祥 主編

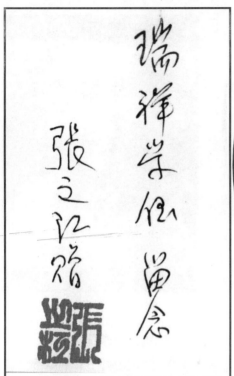

原中央國術館館長張之江先生遺照

張之江先生給本書作者的題字

原中央國術館總務處主任龐玉森先生近照

一代武術大師，滄州通臂拳始祖郭長生（郭燕子）遺照

「燕子」郭長生的著名弟子曹晏海，有「武狀元」之稱，20 世紀 30 年代曾多次奪得擂台賽冠軍

曹晏海奪得上海擂台賽第一名後獲贈的銀盾和銀爐

前中國武協主席張耀庭（中）、副主席張山（左）
舉杯祝賀郭瑞祥當選為「全國十大武術名師」之一

本書作者郭瑞祥先生近照

1995年，郭瑞祥先生被評為
「全國十大武術名師」之一，
圖為中國武術協會頒發的證書
和銀匾

郭瑞祥早年演練苗刀的英姿

一九九五年，被授予「中華武術名師」榮譽和「中國十大武林百傑」

1997年，中國滄州通臂劈掛拳研究會成立，郭瑞祥當選為會長

出訪東瀛

在日本東京舉辦的通臂拳講習會上指導學員

為「真正的中國武術」
專文，稱通臂二十四勢
日本《武術》雜誌發表

在日本沖繩「中日武術交流比賽大會」上，
所演練的劈掛拳、苗刀獲大會一等獎

◀訪問韓國釜山

▲韓國學員在練功

▼向韓國弟子表演通劈二十四勢

次子郭桂德，在家傳
技藝的繼承上也表現
非凡

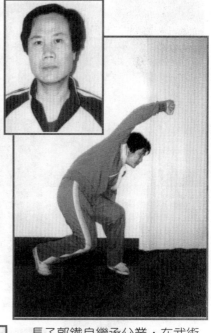

長子郭鐵良繼承父業，在武術
事業上也作出顯著成績

女兒郭桂然，巾幗不讓鬚眉，
曾在全國武術比賽上獲亞軍

孫子郭海，正在苦練
通臂拳基本功

與得意門生、韓國弟子
李相俊合影

指導李相俊練習苗刀

不負厚望，李相俊在亞太
地區武術交流大會上奪得
金牌

師徒進行通臂二十四勢實戰演練

▲韓國媒體專赴滄州採訪郭瑞祥先生

◀郭瑞祥先生不僅武藝出眾，在書畫方面亦頗有造詣。圖為作者正在運筆

▲弟子劉曉凌（左二）正在美國從事武術教學，並被評為「中國武術功夫最佳教授」

在武術挖掘整理工作中貢獻突出，被授予「雄獅獎」

在中國武術段位制首次評選中，被評為武術八段。圖為證書與胸章

中國郵政發行一套《中國武術與韓國跆拳道特種郵票》，滄州劈掛拳、曲刀入選，揚名中外

編委會名單

主　　編　郭　瑞　祥

編　　委　郭　鐵　良
　　　　　郭　桂　然
　　　　　郭　桂　德

技術攝影　郭　桂　德

序

　　自古滄州多豪傑。位於河北省東南部的滄州，以「武術之鄉」之譽名聞中外。滄州武林門派眾多，武場遍及城鄉各地，武傑標榜四方，自古素有「滄州是藏龍臥虎之地」「綠林走鏢不喊滄州」之美稱。

　　滄州通臂拳是滄州的代表拳種，滄州通臂拳是影響最大、傳播最廣、門徒最多、實戰威力最強的一個優良拳種，是滄州八大門派之一。日本刊物《武術》雜誌，將此拳譽為「中國最具實戰威力的傳統名拳」「超實戰拳法」。滄州通臂拳亦稱通臂二十四勢，其近代代表人物就是滄州郭長生（人稱郭燕子）。他是原中央國術館著名的一級教授兼當時的國民政府外交部武術教官。曾參加舉世聞名的第一屆國考，以不敗紀錄取得「最優勝者」稱號，得馮玉祥將軍和張之江館長親贈的龍泉寶劍兩柄。

　　滄州通臂拳源於河北獨流，歷史悠久。歷代先人對這一瑰寶多保藏不現，而是採取單傳秘授的形式向下繁衍，故流傳不廣，如不積極搶救，就有失傳的危險。

　　全國十大武術名師、中國滄州通臂劈掛拳研究總會會長、通臂門掌門人郭瑞祥副教授是郭長生之子，6歲隨父習武，深得其父真傳。今郭瑞祥不吝將歷史上單傳秘授的通臂拳二十四勢加上個人幾十年來鑽研修練之成果整理成書，奉獻於世，充實中華武術寶庫，這是武術發展史上的一件大

事。此書出版，相信一定能得到大家的歡迎。

　　通臂二十四勢勢法精粹、手法絕妙、步法疾速、靈活多變、連擊性強。書中對此拳拳理、拳法以及它的哲學內涵都作了精闢的分析和闡述。某些具體勢法還運用物理學、數學、力學和動量原理加以論述，的確是一本好書。書中圖文並茂、理通文順、哲理性強，實屬上品，是武術教學的好教材。此書的出版，定會滿足習武愛好者的渴求，並深受讀者的熱烈歡迎。

龐玉森

　　注：作序者為原中央國術館創辦人之一、總務處處長，
　　　　曾代理館長

作者介紹

郭瑞祥先生是 40 多年的高中數學教師，不少學生考入清華、北大、南開等重點院校，有的並成爲該校高材生，畢業後留校任教。郭瑞祥先生集幾十年教學經驗撰寫的《數學歸納法》和《中學教學中的少而精啓發式》兩篇論文，經清華大學數學應用系鑑定，獲高度評價。

郭先生提倡一專多能，他也是這麼做的。他是中國數學學會會員、河北省文藝協會會員、河北省作家協會會員和滄州市書法家協會委員。同時，他還是籃球二級運動員。武術對他來講屬於業餘愛好，但卻是中國傳統武術通臂、劈掛、苗刀的正宗傳人，集刀、槍、劍、拳功夫於一身。他創作編寫了《苗刀》《劈掛拳》《瘋魔棍》等著作，榮獲河北省及滄州市社科聯「建國五十周年優秀作品一等獎」。

他現爲中國體育科學學會委員，先後被國家評爲「中華武林百傑」和「中國十大武術名師」在中國首次段位制評審中，被評爲武術八段。

郭瑞祥先生字慕秋，河北省滄州市人。1932 年生。河北省滄州地區體校的高級講師，全國優秀武術輔導員。他是我國近代著名武術大師。原中央國術館苗刀教官、通臂拳、劈掛拳家「燕子」郭長生之子。他從 6 歲從父習武至今，練武已有六十多年歷史。他天資聰穎，刻苦好學，深得其父技藝精髓。近年來，秉承父業，傳其家學，開館辦班，廣招國

內外學員，培養出王志海、王華鋒、古謝雅人、秋山幸子等國內外一流武術運動員，在中國和日本全國武術大賽中，共獲得 15 枚金牌。由於武術教學成績突出，他曾多次受到河北省、滄州市、滄縣各級政府的表彰。他現兼任河北省滄州武術館的館長。在全國武術挖掘整理工作中，榮獲國家二級「雄獅獎」。

在教學中，郭先生堅持「從難、從嚴、從健身攻防的實戰需要」出發，示範動作穩健、紮實、高標準，堅持科學訓練方法，《人民日報》曾先後三次對他進行採訪報導。他應邀作爲嘉賓，在中央電視臺體育頻道的「康樂年華」欄目中講解通臂拳。其事蹟已收入《中國大百科全書》（體育卷·武術人物部分）。

先生既是名師，又是嚴師。他對學生的武德及技術規格要求十分嚴格，有些弟子對先生的嚴格要求承受不了而中途散學，而堅持下來的都成爲武術之佼佼者。由於先生在武術方面的深厚造詣和豐富的實踐經驗，故在教學中也處處表現出來。他做示範動作，講述其動作要領堅持少而精，重點突出，詳略有當，蘊含著高深之哲理和他平時深入研究之心得體會，引人入勝。

他的著作，除繼承其家傳絕技外，還做了大量發展和創新的工作。其內容行文流暢，簡明扼要，學生及讀者閱讀起來，能循序漸進，窺其門徑，自行演練。

他著書立說嚴謹，立論精到，對於史實等追求眞實確鑿。爲了弄清苗刀、通臂拳、劈掛拳之源流，曾三下山東、七上北京，一天一天地坐在圖書館裏查閱資料。他也曾走鹽山，下桑園、南皮，上獨流，去霸縣，不辭勞苦，爲了搞清

一個事實，有時騎著自行車頂風冒雨，一天行程二百餘里，不得吃、不得喝，家裏人都說：「這是六十多歲的不知道疲倦的人。」

所著之書，務使精益求精。論著問世以後，他還要繼續深入探索，每有所得，便立改前說，加以補充。這種認眞負責的精神，眞是難能可貴。充分表現了他治學數十年如一日、一絲不苟的負責精神。

他注重以事實立論，反對某些人捕風捉影和妄下斷語的不良行爲。

他主張作爲一位武術家，「既要練武，又能講武、用武，還要從事科研」。他自己就是身體力行，集「練、講、用、研」於一身。他從早年從文習武中，得出體會：「科研能提高教學品質、增強教學效果，培養出更多會練能用的武術高材生。教學能指出科研的方向，顯示出科研的作用。」他在武術教學中，每介紹一個動作，都把這個動作的技術要領向學生講清楚，使學生有所領悟，有所遵循。他要求學生「學其勢，必明其意；習其形，必得其法」。

他在講劈掛拳的技術要領時，總結了「十六字訣」。即：兩臂條眞，摟臂合腕；撐腰切胯，沉肩氣按」。這就是練好劈掛拳的調勢調氣之要訣。

他在教學中，總結出「十字方針」。即「正、順、合、活、快、精、巧、力、妙、絕」。要求學生學習一個套路，要循序漸進、不好高騖遠。先求其正，由正求順，由順求合，由合求活；再求其快，由快求精，由精求巧，再求其力；用時達到妙、絕。先生講什麼是「絕」？「絕」就是百發百中。練時穩健紮實，決不失誤，用時不放空炮，始能稱

之爲「絕」。

先生直言不諱，剛直不阿，學術上決不隨波逐流、迷信權貴、人云亦云。他堅持實事求是不昧後人，堅持以科學理論爲指導，不拘傳統教法，銳意革新，大膽汲取各門之先進技術，充實自己。凡學習者，無不爲其以誠待人，精闢之講學，準確的示範感到鼓舞。不少國際友人也曾專程來滄州拜師求藝學技。

目 錄

第一章
概 述

通臂拳是中國武術拳種之一。它不同於白猿通臂、猿猴通臂、螳螂通背、二郎通背和通備拳。它勢法精粹、步法靈活，速快、力強，是最具有實戰威力的一個好拳種，所以武術界稱譽此拳為「通臂科學，藝高技絕」。通臂拳亦通臂二十四勢或二十四勢通臂拳。此拳由 24 個單打姿勢組成，而這 24 個單打姿勢，根據擊著點不同，每勢又分多種不同打法。進一步組合，大組合是五個或五個以上、小組合是二至四個一組。所以可組成無數個套路，故有「千趟架子，萬趟拳，通臂出來一勢打不完」之說。通臂拳又稱「合一通臂拳」，這是因為通臂拳講究「萬法歸一」的意思，「一」歸「合」，合即是天、地、人合。合一是「天人合一」「神形合一」「上下內外合一」「吞吐張弛合一」「攻防合一」等等。也有人把此拳說成是獨流通臂拳（因它發源於靜海縣獨流鎮）。還有人把它說成是「滄州通臂」，這是因為滄州人「燕子」郭長生對通臂拳的繼承和發展做出了重要貢獻。他在上世紀 20 年代的第一屆武術國考中獲「最優勝者」稱號，之後又培養了曹晏海等多人在全國擂臺賽上奪魁，在武術界影響極大。又因在滄州練此拳的人最多，故有人將此拳稱為「滄州通臂拳」。上

海教育出版社出版了《中國拳種和拳法》一書，書中寫道：「滄州通臂拳，講究『激步勾子，縱步斬』其代表人物是劉玉春和郭長生（人稱郭燕子）。」

通臂二十四勢，為什麼寫的是「通臂」而不是「通背」呢？這是因為：在其勢法中，兩臂從外形上看均係一伸一屈，一前一後，一上一下，或一左一右，兩臂成反向扯帶形狀，所以叫「通臂」，而不取「通背」。不取通背的另一個原因是：二十四勢通臂拳家認為，通臂拳的力量源泉不在腰，而在人的大腦這個人體的行動指揮部。認為出拳打掌都是由大腦中樞神經調動身體的放鬆肌群和收縮肌群完成同步協調，從而產生強大的爆發力。他們認為勁力源泉在大腦而不在背、腰，背、腰也是受大腦指揮的。所以他們將其稱為「通臂」而不叫「通背」。這也是該拳的特有風格的一個方面。因此，有「出自神經、發於血海（穴道），前握後扣，即是通臂」之說。

筆者認為，「通臂」與「通背」可通用，在本書中用的是通臂。

通臂拳講究一練拳腳（基本功），二練養生，三練擊法。拳腳好練、養生易學，擊法可就難了。按擊法來說，每個勢法先練定位的，後練順步的（行進間），再練拗步的，最後再練行步的。只有練好行步的才能使勢法在擊技中得心應手、運用自如，發揮出最大效用。所以說，練好通臂拳沒有幾年或幾十年時間是學不好的。通臂拳達到一定水準，即可做到技擊時，勢無定勢，法無定宗，前躍一丈開外，坐腰向後可後退八尺了。

通臂拳的單打動作和組合招法，一般都是陰陽變換、

左右開弓、吞吐伸縮、一張一弛、攻防結合、遍體著力、筋骨棱撑、步步進擊、法法連環、使敵防不勝防，沒有反擊我之可能。

通臂二十四勢，是非常好的一個拳種，它勁力飽滿、用勁科學、實戰威力極強。這是通臂先祖們深懂物理學、力學的緣故。如拿撑拳為例，老人們在打撑拳時講究四個字，即擰、轉、扣、打。擰是擰腳尖，擺腳後跟。再就是要擰轉上體，打右手撑向左擰轉上體，打左手撑向右擰轉上體，把身體的各部潛力，集中於手上，從而產生強大爆發力量。扣就是打出的拳在臨近敵身時，陽拳變陰拳。即拳頭內旋，使拳背朝上，這樣擊出的拳更具穿透力（或衝撞力）。在木工操作中，木螺絲鑽入木頭裏，既輕鬆又省力，這是因為木螺絲的表面刻有螺旋紋，這種螺旋紋是斜面的一種變形。

物理學告訴我們：利用斜面做功，可以省力，穿透力強。所以，通臂拳的祖先就是利用這個科學道理，把撑拳帶上螺旋勁，加大了它的力度。掖捶這勢法亦如此。

又如，人體的四肢猶如槓桿系統。力學上的受力大小與面積是成反比的。也就是說，擊著點的面積越大，力度就越小，反之力度就越大。通臂拳有的勢法如戳指掌就是運用這一科學原理在技擊的發力末端突出指尖、鑽拳、尖拳等部位的手形變化，以獲得更強的打擊效果，就是這個道理。

通臂拳的勁，有內外勁之別。外勁是指各種力量之間的分合消解，而內勁則較為深奧，是對蘊藏在人體內部的一種潛在能量的發掘與應用。但是，兩者的源泉都來自大

腦皮層，出拳打掌都是由大腦皮層通過中樞神經，再由全身神經控制全身肌肉，使放鬆肌與收縮肌二者完成同步協調而形成的。如通臂拳中多數勢法都是右拳（或左拳）出擊，而另一拳向相反向扯拉，就是這個道理。

人的舉手投足，特別是武術上的招勢，都離不開力的大小、方向、作用點這三個要素。技擊便是利用這三個要素而施於對方的，用力的技巧必須注重相生和相剋。

所謂力的相生就是與對手接手相抗時，我欲提高身體的重心，達到把對手擊出更遠的目的。為此，必須以向下的力量迫使對方用力向上抗拒，這樣就可以順其力的方向而加力，形成一股合力。

力的相剋，如通臂拳中的直來側擊、橫揣等等，都是橫力破直力的例子。如對方直拳打來，我用側步橫擊或側撩陰破之。通臂拳中的上力截下力也是如此，如用斬破撐等。就是說，只要一種力量還沒有達到作用點，另一種力量就可能從無數個角度來任意截擊，破壞前一種力量的定向運動。這就是相剋。

通臂拳門派中功力厚實者，還可以用自己的身體去迎擊對方的拳頭，其中包含了更妙的力學原理。武術家正是在拳腳沾身的一剎那，令全身振顫，而不致使來力集中於同一個作用點上。通臂拳中的抖肩甩膀的功法就是先抖散了對手的來力，再施招打擊對方，對方來力無法對自己身體構成傷害。

綜上，通臂拳的初祖們，已經掌握了物理力學的科學道理，多數招勢都符合現代科學原理，所以，它是中國傳統武術中最具實戰威力的一個好拳種。

第二章
通臂二十四勢的源流、傳承和風格特點

第一節　通臂二十四勢的歷史源流

　　通臂拳歷史悠久，早在明代，愛國將領戚繼光在他的《紀效新書‧拳經捷要篇》中，就有論述：「宋太祖三十二勢長拳中『神拳當面插下，進步火焰鑽心』。」書中圖像和通臂二十四勢中的掖、挑兩個單打姿勢一樣。另外，書中有「旗鼓勢」，通臂二十四勢中的「短斬」亦稱「旗鼓勢」，圖像也完全一樣。所以，河北獨流鎮練通臂拳的早先說是練太祖拳的，恐怕這並非巧合。但是，獨流通臂拳原稱太祖拳，與現今的太祖門的太祖拳不一樣。

　　相傳通臂拳到清代乾隆年間，河北省靜海縣獨流鎮（現屬天津市郊區）有一位呂二爺，家貧，給當地富戶看墳地。墳地裏的土地歸他種，與墳主分收。呂二爺嗜愛武術，每天子時都到墳地練功。

　　一天，呂二爺發現不遠處有一位白鬚老僧在看他練功。心想，此人不是非凡之人，即上前施禮，提出拜老僧為師。老僧再三推辭，後看呂二爺心誠，遂收為弟子，每

晚子時準時來教呂二爺練功。幾年過去了，老僧向呂說：「你已功成業就，明天我要走了。」說罷轉身欲走。呂二爺馬上跪倒在地，苦苦挽留。老僧謝絕。呂二爺痛哭流涕地說：「您走了，我以後供誰呢？」老僧說：「你就供達摩吧！」說完飄然離去。

這位高僧行蹤令人難解。既不知這位高僧來自何處？又不知他去向哪裡？也不知他的姓名和法號，因此，源流無法上溯。

對這個問題我們現在分析：清兵入關，取得天下，人民受正統觀念的影響，加上清朝統治者對廣大人民實行殘酷鎮壓，人民大眾的反滿情緒異常高漲。各地民眾起義此伏彼起。統治者便大肆搜捕反滿抗清的起義領袖人物，故有些身懷絕技的起義首領為了免遭殺身滅門之禍，出家當了和尚，雲遊四方。他們偷偷地練武教人，不使絕技失傳。但在傳武時，既不敢說出自己的真實姓名，又不敢告訴武術拳種和門派。所以，獨流通臂拳開始都叫太祖拳，到第四代、第五代才真正地知道是通臂拳。由上面分析，這位遊方高僧不說姓名和來路是可以理解的。

高僧走後，呂二爺將通臂拳傳給了同輩摯友錫三爺和「于大觀音」于蘭，又重點傳授了李登弟、李登善、李士閃等人，其中以李登弟功純藝精，人稱：「天下把勢數李登」。他早年做保鏢，闖蕩江湖，曾征服過平原一帶江洋大盜「燕尾子」。呂二爺為培養李登弟成單傳繼承人，曾安排于蘭給他餵手。所以，可以說呂二爺是通臂第一代傳人，李登弟是第二代傳人。

李登弟將通臂拳傳於獨流人呂憨舉（人稱「呂憨

爺」）和楊學仕（楊四爺）等。據傳呂憨舉練武一輩子沒
敗過。故第三代單傳人當推呂憨舉。後來，呂憨舉又將真
技傳授于大把勢劉玉春、劉玉會兄弟二人以及任向榮、張
景元、劉振升、于猴子（「于大觀音」的兒子）、李增仁
等。這些人中，尤以劉玉春技藝為最精，當時人稱「拳打
關東，腳踢直隸，威震大江南北的常勝將軍」。因此劉玉
春是通臂拳第四代單傳之人。其餵手人是任向榮。

　　劉玉春應聘在保定大軍閥曹錕部任武術教官。1916
年，滄州人郭長生拜劉玉春為師，學習通臂拳和苗刀。由
於郭長生為人忠厚，天資聰穎，且有天生的一副好腰身，
人稱「郭燕子」。他刻苦練功，什麼事一點即透，故深得
劉師喜愛，常撚著鬍鬚對人說「我有徒千萬，將來給我露
臉的恐怕惟長生一人」。故將武藝傾囊相授。所以，第五
代單傳之人，即是郭長生。其餵手的是滄州曹晏海。

　　郭長生 1928 年參加舉世聞名的第一屆國考，獲「最優
勝者」稱號。曹晏海在 1930 年上海全國擂臺賽上獲第一
名，當時人稱「神腿武狀元」。

　　郭長生在中央國術館將通臂拳傳給高玉清、郭景春等
人。返回故里後，傳給其子瑞林、瑞祥等。1945 年，郭長
生受聘在天津教拳，將技藝傳給張漢東、王子昆、莊連
芳、鮑東霞等。郭長生 1916 年將通臂拳引進滄州，應是滄
洲通臂拳始祖。其子郭瑞祥承父業，傳家學，使通臂拳這
一優秀拳種成為影響最大、傳佈最廣、實戰威力最強的滄
州四大門派之一。

　　1997 年成立中國滄州通臂劈掛拳研究總會，眾人公推
郭瑞祥為總會會長、掌門人。郭瑞祥被國家評定為「中國

十大武術名師」、武術八段。

通臂二十四勢歷代傳人傳序表

　　　　游方僧
第一代：呂二爺　　錫三爺　　于大觀音（于蘭）
第二代：李登弟　　李登善　　李士閃
第三代：呂懋舉　　楊學仕　　付學明
第四代：劉玉春　　任向榮　　張景元　　崔三爺　　劉玉會
　　　　李振聲　　張其順　　于猴子（于大觀音之子）
　　　　李增仁
第五代：郭長生　　石慶山　　趙世奎　　岳德明　　蕭福善
　　　　陳國祥　　李廣田　　任秀峰　　華奎元　　張景付
　　　　劉樹年（靜海）　　張文向　　曹晏海等人
第六代：郭瑞林　　郭瑞祥　　高玉清　　郭景春　　張漢東
　　　　劉景雲　　王子昆　　莊連芳　　鮑東霞　　莊連印
　　　　羅雲平　　呂建元　　尚志禮　　劉正忠　　王寶森
　　　　何金宇　　郭中有　　韓俊元　　尹宗琦　　尹樹春
　　　　等人

　　通臂拳傳承均取秘授。被傳的人的選擇條件是非常嚴格的。如不忠不孝之人不傳；不尊師重道的人不傳；不守口如瓶的人不傳；愛財如命、見利忘義的人不傳；不練武著迷、癡心求術的人也不傳。

　　此外，須是貫字形身體，即長胳膊長腿、大手大腳的人，否則不傳授。

第二節 通臂拳的單傳和普傳

通臂拳的單傳，就是在普通秘傳的基礎上，篩選出合乎單傳條件的人，定為單傳之人。受單傳之人，必須繼承其通臂拳全部技術，且知其拳理拳法奧秘和精髓，功力蓋過一般人，成為本門繁衍的正宗傳人。但是，近代通臂拳家，雖不是單傳嫡人，而功藝已達非凡境界，成為武林宿將或佼佼者也不乏其人。接受單傳之人的條件非常嚴格，不合乎條件的人，即便是親生子女也不傳。單傳就是一輩子傳一個人，傳下去是責任，傳不下去就是罪過（使祖藏技藝失傳）。

從這點來看，通臂拳單傳有它保守的一面，也有大公無私的一面。它沒有把通臂技藝看成是個人的私有財產。先祖們認為，通臂拳技藝是人民創造的，人民更有責任來保護技藝不為壞人所得而去招搖撞騙，為非作歹。它和有些奉種「不傳外姓」「傳男不傳女」等等陋習不同。

單傳就是師父在普傳秘授基礎上，在眾多的弟子中經過考驗和篩選出出類拔萃的合乎受藝條件的人為單系傳人（但並非一輩子隻傳一人），單傳單授。受單傳的人，師父要給他找個「餵手的」，這叫「二人一副架」。這樣由餵手的人陪著練，餵著打，朝夕在一起，進步很快。可是餵手的雖然和單傳之人朝夕生活在一起。卻不知道單傳之人都掌握了哪些招法，也不能隨便問，以免施招不靈。

當年李登弟是通臂拳單傳之人，給他餵手的叫于蘭。李登弟，人們尊稱他為李登爺，早年做保鏢，武功非凡，

有「天下把勢數李登」之稱。據傳，李登弟享年 80 多歲，生前獲通臂拳絕技，名氣之大，竟為皇帝所知，乾隆曾下詔召見他。可是他受正統觀念影響，一是不願給異民族統治者做事，二是認為「伴君如伴虎」，怕惹來殺身滅門之禍。後竟由此受驚嚇，患病去世。

呂憨舉，人稱「呂憨爺」。也係通臂門單傳之人。據說呂爺闖蕩江湖，一輩子沒打過敗仗。他的培練人是楊學仕。

劉玉春在近代武術界聲望較大。此人身高體壯，其技藝為大軍閥曹錕所賞識，聘為三省巡閱使兼直隸總督府衛隊營武術教官。他是第四代正宗單傳之人。他受藝於呂憨舉、楊學仕兩位先人。餵手人是任向榮。劉玉春之子早殤，後傳其徒石慶山、郭長生等人。

劉玉春早年曾定石慶山為他的單傳之人。石諢名叫：「黑蝴蝶」，武功非同一般。在東北為營救摯友（一客棧老闆），曾單人入深山匪巢，將摯友救出，並戰勝了百餘名匪徒。可惜此人僅活了三十多歲即辭世。

劉玉春失去愛徒、單傳之人，悲痛萬分。之後將單傳之人改定為郭長生（「郭燕子」）。郭長生不負恩師厚望，曹錕總督府幾次校場比武，他均名列前茅。後被曹錕調入後府當貼身護衛。民國十六年（西元 1927 年）國民政府籌備中央國術館，館長張之江將他定為一級教授。1928年在南京舉行了聞名中外的第一屆國考，郭長生以不敗紀錄奪取「最優勝者」稱號。可見劉玉春慧眼識人，將郭長生定為單傳傳人完全正確。

郭長生最突出的貢獻是通臂拳在繼承的基礎上有所發

展和創新，就是將一些單打動作進行「攻防結合、合二而一」。如撐和拽之勢法。獨流人的說法，這兩個動作是先掛、後打，而滄州通臂拳把它們合在一起，體現出以攻為主，防是為了更好地攻的技擊特點。

郭長生代師收徒，先期重點培養的是曹晏海，欲將他作為本門單傳傳人。曹晏海在郭長生嚴格督導下進步飛快。1929 年杭州打擂，一舉擊敗名震一時的上海大俠劉高升，之後又在 1930 年上海舉行的擂臺賽上獲第一名，受獎多尊銀盾，成為當時的「武狀元」。可是這位由郭長生親手培育的單傳之人，只活了三十多歲便去世。郭長生對下一代的單傳之人不得不另行安排。

郭長生有二子，長子瑞林，次子瑞祥。抗戰期間，郭長生在家守貧自樂，拒日酋之重金相聘，「寧死不當亡國奴」。這種高度民族氣節為鄉里人所稱頌。郭長生不給日本人混事，把主要精力放在教二子武術身上。

次子瑞祥腰好、心靈，掌握的套路多，且用心鑽研。郭長生遂令瑞祥拜曹晏海為義父。繼之又令瑞祥拜大把勢馬英圖為師。可見郭長生對次子瑞祥抱有很大希望。1947 年郭長生又找到張之江、龐玉森，將瑞祥推薦到中央國術館附設國立體育專科師範學校上學。這個學校的校長就是張之江，教師大多是原中央國術館的教授和留校學員。由此可見，郭長生晚年非常重視後繼有人的問題。

郭瑞林、郭瑞祥都是從 6 歲跟隨父親習武。瑞林善技擊，且有獨到之處。瑞祥由父親親自教練刀、槍、劍、棍、拳、摔、打、擒、拿等，得其父真傳。

瑞祥不負父望，他培養的弟子王志海，在全國武術比

賽中共獲得 6 枚金牌。因教學成績顯著，多次受到各級主營部門的嘉獎和表彰。郭瑞祥的弟子王華鋒也曾在全國武術比賽中獲 4 枚金牌，從北京體育大學畢業，留校任武術教研室副主任。郭瑞祥的日本學生古謝雅人和秋山幸子（女）也曾在全日本武術大賽和美國西雅圖武術大賽中獲得多枚金牌和銀牌。郭瑞祥本人 1991 年應邀訪問日本，在沖繩縣舉行的中日武術交流大會上獲得一等獎。2001 年第二次應邀訪日，在東京開辦了通臂拳傳習會，日刊介紹通臂二十四勢是「中國最具實戰威力的優秀拳種」。

郭瑞祥遵父囑，將苗刀、劈掛拳、苗刀技法均編著成書，先後由人民體育出版社和日本東京福昌堂出版發行。另外他演練教授的劈掛拳，被定為中國十大優秀拳種，《劈掛拳》一書成為武術競賽規定套路。

由於通臂拳歷史上受秘授之影響，故流傳不廣。除滄州以外，天津有部分練通臂拳的，是郭長生 1946～1952 年在天津時教了一部分人。還有獨流老拳師華奎元、任秀峰、呂建元、莊連印教的一些人。據瞭解，上海也有少數人練通臂拳，這是劉玉春囑其孫劉景雲在上海教了任鶴山，任鶴山又傳其徒鮑關芝等人。

另外，杭州也有練通臂二十四勢的，這是曹晏海在江西廬山軍官訓練團時，將通臂拳教給了同窗好友鞏成祥。鞏成祥後來在杭州落戶，又教了一些人，其中有李志浩、丁豐水、方樹人等，他們都是中國滄州通臂劈掛拳研究總會的成員。在其他城市我們還沒有發現有演練通臂二十四勢的。

劉景雲是劉玉春的孫子，劉玉春去世時，景雲年僅 16

歲，卻有通臂拳絕功。早年遵祖命去上海，教任鶴山通臂拳，後由其師叔郭長生介紹入中央國術館任教授，和曹晏海交厚。曹有病，晚期主要由劉景雲服侍，直到送終。

劉景雲練通臂拳兩臂有通臂丹，兩臂平伸，用力出現兩個紅球左右穿動，古人稱之為「通臂丹」，所以有神力。據說練通臂拳日久，可出現此功。據我們所知，通臂門人中只有郭長生和劉景雲有「通臂丹」神功。

劉景雲思想較進步，抗日戰爭爆發後，透過地下黨，與曹晏海商定化裝後去延安。途中劉景雲過去了，而曹沒過去。據傳在解放天津前夕，在津郊小站犧牲。

據獨流老拳師莊連印先生談：通臂拳譜中所規定的傳藝原則是非常嚴格的，別說是單傳嫡系傳人，就是普傳之人也是非常嚴格的。傳藝嚴於擇人，須遴選忠心愛國，孝順雙親和師長，不以強欺弱，不為非作歹，忠厚老實，機靈聰穎，見義勇為的人。

除此之外，對身體素質條件也要求得非常嚴格。要求「貫子型」體形，即長胳膊長腿、大手大腳。還要求反應靈敏，性格內向、保守、不多言多語、守口如瓶、丟不了技藝。授業前必須立誓、磕頭、拜師、遞帖換帖，能做到有毅力、有恒心、有耐心、有信心，「一日拜師、終生不變」。入門要師訪徒三年，長時間對其考驗。

高玉清、郭景春等人拜師後，都是孝順恩師一輩子，成為吾門之典範。同時，他們都嚴格保守通臂拳門技藝，謹遵師言，對通臂拳絕不輕傳。

郭瑞林及郭瑞祥回憶起小時練功，父教是非常嚴格的，練單勢一次一個動作就練三千次，為增強大腿力量練

蹲起一回練五百次。練完後大腿疼痛上不了炕，必須用手搬著腿才能上去。練功開始，先練腰、腿、臂基本功，基本功達不到要求不許練套路。練套路先練「八極拳」，這都是中央國術館定的必修課。幾個月下來，看功架已達到要求，父親認為滿意以後，再教給劈掛拳。劈掛拳分慢套劈掛拳、掛拳（也叫跑掛拳）、青龍拳，最後是快套劈掛拳。在這幾個套路中，主要培養手臂的鞭子勁、爆發力及身體前竄一丈，坐腰八尺的靈活勁和靈敏度，培養肌肉和全身各部關節的鬆活度和靈敏度。

以上這些內容大約需五年時間。然後看看你如果行，再教通臂拳，不行就只教上述內容。

教通臂拳也是先教基本功，蹲架子、蹲騎馬勢，一蹲就是很長時間，老師不說停不算完。這主要是練「落地生根」的樁功。然後練高吊腿，把腿放在牆上，一腳站立，要求點上一炷香，香不燃完，腿不許放下來，這主要是練獨立平衡。之後再練各種步法，步法共有七八十種。因通臂拳招法大多由步法出，所以步法是非常重要一步。在這段時期，老師要考驗學生是否忠孝、忠於師教，為人正義以及學武癡迷程度，身體素質是否符合要求，符合上述條件者，才能傳授真正的通臂拳單打動作。

通臂拳不普教，而是採取秘授形式。當時郭長生告訴兒子不要當著人練，當著人練時只能練八極拳和劈掛拳。郭氏兄弟謹遵父言，就是再要好的朋友懇求一觀，兄弟倆也決不露此絕活。師兄弟們一起練功好幾十年，互相都不知道對方確實掌握了哪些通臂拳的真實東西。尤其是步法，像激絞連環步和拖拉步，更是保密得厲害。

通臂拳實屬國粹，它屬於人民，人民也有責任保護國粹，不讓不三不四的人獲取。因此，前人保守些，是可以理解的。

郭長生在中央國術館期間，雖然學生有幾百，但培養的重點人物是滄縣盧家園的曹晏海。此人「貫字形」身材，大手大腳，長胳膊長腿，反應極其靈敏，且肩、肘、膝、胯異常鬆活。郭長生心想，這是一塊好鋼，是一個難得的人才。遂下一定工夫，陪著練、餵著打，逐步將通臂拳真功系統、完整、無保留地傳授給了曹晏海。曹晏海不負郭長生大哥的厚望，照要求狠下苦功，達到功絕技精，尤其腿法之功力非人所能及。

通臂拳普傳與單傳的內容及差別表現在哪裡呢？

獨流普傳叫「太祖拳」「太祖門」，而單傳叫「合一門」「通臂拳」。叫法雖不同，但兩者拳勢的結構、動作輪廓都基本相同，拳勢都是二十四勢，各勢的術名、功法、招法也都大體相同。那麼，兩者有什麼差異呢？這個問題因為單傳功與術絕大部分已失傳，要想把它講清楚是相當困難的，分析這個問題多屬於「猜議」。

二者的差異可以概括為兩個字「板」和「活」。也就是說，普傳的較為呆板，而單傳的較為圓活。

先說功法差異。普傳的動作表現為：

1. 動作拿架子、關節不舒展，經常處於半緊張狀態。

2. 動作銜接不連貫。

3. 能量分散，不能集中於需要的一點上。多為複合功，很少單項功。

單傳的動作表現為：肢體處於自然、舒展狀態，不拿

架子，注重基本功的原地專項鍛鍊。動作連貫，勁力不斷；周身激發出的能量貫穿於肢體所需之一點。

以打「撐」拳為例：普傳的是結合步法練習，其中含有招法———先擺好騎馬式要求：大腿平地，挺胸塌腰、雙拳緊握，然後旋踝轉胯，順肩撐臂一步一下一停地往前伸沖。

分析：這樣的鍛鍊，整個動作看起來是練手劈的前衝力，氣勢也很猛。實質上能量大部分分散在腿上，達到手臂的很有限。其次挺腰凸臀膝下屈，緊握拳，形成了上下俱實、周身處於緊張狀態，內部氣血互相抵制了能量的流通。再者一步一停的間斷性，也影響了能量的匯聚及勁力的形成。

一動一靜是物質運動的永恆規律，但必須「動中有靜，靜中有動」，才能互相回饋，間斷就有消減這種互相變化的性能，間斷的時間越長，能量消失的越快。

頻率低慢，即使能量被激發出來，也不能練出特殊的力量。

普傳中雖也有原地鍛鍊的頻率高快的功法，但未被列入正功專修項目，而且功法成分較多，因而就不能按練法用在實戰中，形成練用脫節的毛病。

再說實戰運用上的差別。

1. 眼　法

普傳一般較注重拳打腳踢活法，對於用眼卻不大重視，普傳中不是沒有眼法，而是被其他功法所湮沒。

普傳的眼法是目盯雙肩以統馭全局的動靜，然而由於

不進行專門訓練，這一意識在大腦中就形不成正確回饋，在實戰中眼就失去固定的目標，而是隨著對手手腳亂轉，手動瞅手，腳動看腳，眼忙心無主，心慌腳步亂，易為假像所迷惑，處於被人調動的處境。有眼實無眼，形成無目的盲動。

單傳在於「打手」訓練中，始終地把眼法放在重要位置上。

2.步　法

通臂拳步法要訣是：「逢進必跟，逢跟必進。」這一要訣也在普傳中流傳著。但普傳中做到了「逢進必跟」，步幅無論多大，卻始終保持著同等距離，沒有對「逢跟必進」加以理會，這就造成一步一停的斷檔現象。

在操練上，「逢進必跟」有些自然性，容易做到，「逢跟必進」就有些違背自然性，就很困難。這是因為「跟」已經到了動態的極限，進入靜的境界，由於慣性緣故，很不容易扭轉過來。然而，這一瞬間正是出現戰機的時刻，為了爭取勝利，必須克服困難邁過去。這一瞬間雙方誰邁過去誰就取得了勝利。「跟後進」又是一個要招，善戰者必須掌握這個奧秘，誰先一步掌握誰就能夠控制戰局，就可取得勝利。

3.心　法

武術之心法是指整個大腦在實戰中的運用，也就是「意識」在實戰中的運用。意識是無形無狀的，所以容易被忽略。實際上，意識是一切活動的主導，一切活動都要

受它的指揮才能完成。但這種意識活動是自發的，是在不知不覺中進行的，談不上對它的鍛鍊，這恰恰是一般普傳的通病。

單傳之所以技藝高超，主要高在抓意識這一環節上。通臂拳是在創造拳術的先輩們總結出來的規律下鍛鍊的。這個規律說來也很簡單，就是四句話：「彼動己靜，彼靜己動，彼動先動，彼不動我先動。」這四句話看似簡單，內部卻蘊藏著奧機，頗難理解，用準確了也確實不易。

單傳之人怎樣鍛鍊意識呢？主要是由實踐訓練的「打手」來練，可能還有別的方法。

4.實 踐

實踐出真知，單傳重視實踐，普傳對此則相對模糊。這也是區別之所在。

第三節 通臂拳的風格特點

通臂拳的風格：「神形自如，動作舒展，開合吞吐，伸縮爆發，瀟灑矯健，疾速多變。」

其特點是：一、快，二、活，三、多變，四、力沉長。

通臂拳的組合招法演練起來「疾若奔騰海浪，又似風雷貫頂。緩如清風拂柳，又似火藥爆炸。

通臂拳的小組合為三勢，大組合為五勢。其中勢無定勢，行無定蹤。動中有靜，雖動猶靜，靜中有動。動則以剛為實，靜者以柔為虛。動靜、剛柔、虛實、快慢、陰

陽，相互制約、相互轉變。從動靜來講，動是絕對，靜是相對。

通臂門人的體形特點是兩臂鬆活，不端肩、聳肩而是溜肩。肌肉特點是條型肌肉而不是疙瘩肌。這種肌肉靈活變轉速快。

通臂拳的技術要求：

舉足要靈，不靈則缺乏變轉之機，手足相隨，身步勻整合一。

通臂拳譜中說：「手似兩扇門，全憑腿打人。」

通臂拳的主要步法有：

激絞連環步法（連擊性強）；

不八不丁不二步法（防護自己，前攻順達）；

偷步法（放長擊遠）；

拖拉步法（攻擊力量強）；

順步法（勢法之本，基礎功夫）；

拗步法（變化招勢，順達快速）；

縱步法（爆發力強）；

擰轉步法（便於發揮腰腿之力）；

風擺柳步法（放鬆、自然、舒展）；

自由步法：亦稱吊死鬼子步法。即拳擊自由滑步法，惟雙手自然下垂（出拳自如移動快）。

上述步法中，激絞連環步法和拖拉步法，合稱麒麟步法或子母步法，這是通臂拳二十四勢的基本步法，最為先進。

通臂拳十六字訣，也是校藝十八法的最基本的東西。其目的是調勢調氣的要訣。其十六字為：

兩臂條直，摟臂合腕；擰腰切胯，沉肩下氣。

通臂拳勢法中幾個主要勢法的技術要點：

拽（揣）要擰腰撐要直；前後橫腰定擰；劈撩掖斬小跨步；攬龍暗火斜身形。

通臂拳組合招法的典範：

劈擊頭顱，撐挖心，拽打兩肋，足踢襠。

第三章
通臂拳的基本功

第一節　柔韌功

　　柔韌功是通臂拳入門的極重要的必修課程。其目的就是「抻筋拔骨，活絡肌腱」，拉長肌纖維和韌帶，搖撥活骨關節，以提高肢體的伸縮彈性，加大活動幅度，加大肢體的舒捲、曲折、環繞功能，為技擊和表演打下動作協調、靈敏、瀟灑自如、吞吐起伏轉折的良好基礎。

　　柔韌的訓練要舒展轉靈，使原動肌和對抗肌得到合理使用，鍛鍊出肌肉主動放鬆的能力。使受牽制的肌肉阻力減小，從而使動作幅度加大，做到省力協調、靈活不僵，使肌肉韌帶的長短和彈性得到均衡發展，使氣血通暢，加大肺活量，加速血液循環，改善新陳代謝，增強內臟間的摩擦。所以，通臂拳的柔韌功又是養生健身的妙術。

　　由於柔韌鍛鍊，以最大幅度的各關節活動、強有力的肌肉協調交替的收縮和放鬆，大量消耗體內各部位積聚的脂肪，使肌肉發育勻稱而有彈性，因而它又是塑造優美體形的好方法。

　　演示者：郭桂然

第二節　柔韌功法訓練

一、軀幹部————腰、胸、腹

　　腰部的柔韌訓練，同時是對胸、腹、背各肌群的鍛鍊，也是對內臟各器官的良好鍛鍊。腰是肢體的樞紐。身形動作的靈敏巧妙之變化、出拳發放出整體之力，完全依賴於腰之靈活。而腰之靈活性，又取決於腰之柔韌性。

　　腰的柔韌性對身體之位移的調節平衡、穩固重心也起重要的作用。所以，通臂拳必須將腰部鍛鍊得像蛇一樣隨屈就伸、盤旋蜿蜒。

1. 前俯腰

　　舊勢稱「打躬勢」（圖3-1、圖3-1附圖）。這個動

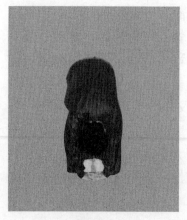 

圖3-1　　　　　　　　　圖3-1附圖

作是兩手攀足「托天勢」
（圖3-2）。「側俯腰（圖
3-3、圖3-4）。「虎抱
頭」。此勢由托天勢開始。
併步站立，兩手五指交叉，
上舉過頂，兩臂伸直，向上
撐托拉腰；然後，兩臂向
左、向右擺動幾次，復搖晃
幾次，上身向下前屈；同
時，以手掌貼地為限，此動
作分兩種練法：靜心慢張力
壓撥、還原連續抻拔。

圖 3-2

　　靜心慢張力是勢停力不
停，勢已經達到極限，而力

圖 3-3

圖 3-4

仍在進行前趨，做勢，堅持的時間以呼吸計，以 36 次呼吸為限。

圖 3-5

還原連續抻拔是一勢，重複地連續做若干次。初練以幾次為宜，逐漸增加次數。

完成前俯腰手貼地後，上體左轉右轉，均做到俯腰。

放開雙手，抱住小腿或後腳跟，使面部貼近脛骨，可以振顫，頻頻磕向脛骨。

2. 後折腰

仰身折腰，向後下方彎曲。靜止的叫控腰，上體顫擺的叫彈腰（圖 3-5）。

3. 甩　腰

即前俯腰後折腰之組合。以腰、髖關節為軸，做前俯後折的甩動（圖 3-6、圖 3-7）。

4. 涮　腰

亦稱「怪蟒翻身」。

兩腳開立，略寬於肩，臂下垂，以髖關節為軸，上體前俯，上身及兩臂向左、向後、向右翻轉繞環，速度由慢至快，次數逐漸增多，左右方向交替進行（圖 3-8、圖 3-9）。

這樣，腰、胸、腹都能得到鍛鍊，同時也鍛鍊了腿部肌群。

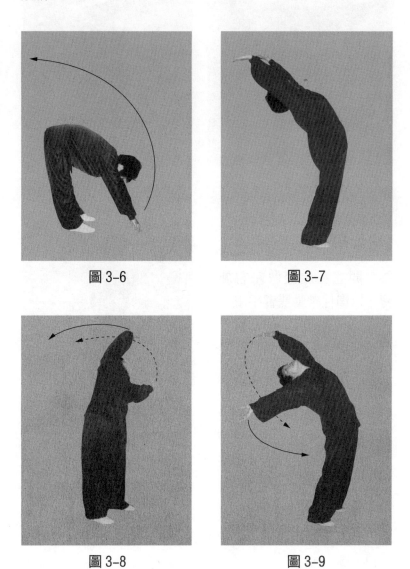

圖 3-6

圖 3-7

圖 3-8

圖 3-9

圖 3-10

圖 3-11

5. 控　身

　　開立，上體做左右旋轉，以慣性帶動雙臂平甩，彷彿搖「貨郎鼓」的形狀。擺時要擺到極限，兩臂舒展甩開，甩在體前之臂勾挑異側之肩、背；甩在體後之臂勾打異側之背、肋（圖 3-10、圖 3-11、圖 3-12）。

圖 3-12

6. 擺　身

　　開立，兩臂側平舉，成十字形。上體做左右擺動。向左擺時右手越過頭頂，輕挑左耳一下。向右動作相反（圖 3-13、圖 3-14）。

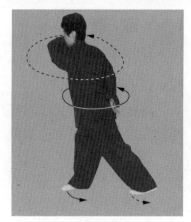

圖 3-13　　　　　　　　　　圖 3-14

二、下肢訓練

下肢訓練的主要部位為胯、膝、踝、趾。

下肢是支撐軀幹進行移動的載體，是人體之根，下肢在運動過程中要輕靈敏捷，身輕如燕；在站立維持平衡時要穩如磐石，落地生根；與軀幹相合，又是身形變化的樞紐。因此，進行下肢柔韌鍛鍊，實為拳家第一要求。

下肢柔韌性強，胯、膝、踝、足各個關節旋擰、抬擺、伸長、曲折運用靈活自如，才能擺得高、伸得長，折疊得攏，步幅大而頻率快，蹦得高，跳得遠，作為載體才能移動快速。同時也調節了體位重心，加強了身體的穩定性；臨陣對敵時才能踢踹蹬踩，勾撥掃纏，四面出擊，遠腳近膝靠身胯，遠近得宜。在做下潛伏身時，下肢的折疊，更顯得作用突出。

1. 踢　腿

分為三步一踢、一步一踢、原地踢。

踢腳的要求：挺膝，支撐腿和擺動腿的膝部必須繃直，擺腿的胯不能向前移動，上身不能後仰。擺動的腳向上擺動時，腳尖要勾起，向下落腳時，要把腳面繃直。術語叫「勾起根落」。

圖 3-15

踢腿的上肢配合有三種：①兩手插腰；②兩臂側平舉（圖 3-15）；③兩臂隨邁步自然晃動。

踢腿擺向異側叫「裏合」又叫十字腿（圖 3-16、圖 3-17）。

圖 3-16

圖 3-17

如先向左、向上，然後擺體向右外側畫一弧形再落下，叫「外擺」（圖3-18）。

2. 蕩　腿

因它以一腿往返蕩擺，而且向後擺無限制，超過了支撐腿，異於踢腿（圖3-19、圖3-20）。

圖 3-18

3. 塌　腿

①前塌，又名吻靴。動作：一腿屈蹲，一腿前伸，腳向上勾，上身向前探俯，兩手順腿根向腳尖推探。左右交

圖 3-19

圖 3-20

圖 3-21　　　　　　　圖 3-22

替進行（圖 3-21、圖 3-22）。

　②側　塌

　　即仆步。

　　開立，一腿屈膝全蹲，一腿挺膝伸直，全腳落地，腳
尖裏扣，前手摸抓前腳。然後重心移到仆直腿上成蹲位，
另一腿成直腿。左右交替移位（圖 3-23、圖 3-24）。

圖 3-23　　　　　　　圖 3-24

③後　塌

即弓箭步（圖 3-25）。

要腰直、臀收、臀與步
成垂直，才能收到鍛鍊肌群
的效果。

4.活膝踝

【動作】：

①屈膝側立。上體、
膝、踝向異側扭動（圖 3-
26）。

②提膝，以膝為軸，腳在體前做畫平圓動作（圖 3-
27）。

圖 3-25

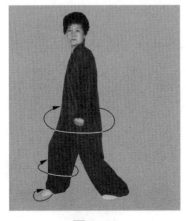

圖 3-26

圖 3-27

③勢同前。腳前掌畫立圓（圖3-28）。

④勢同前。以膝為支點，以小腿做左內右外提擺運動，如踢毽狀（圖3-29），腳掌向上翻。

⑤勢同前。腳向前蹬，收回，繃腳面，做活踝運動

圖 3-28

圖 3-29

圖 3-30

圖 3-31

（圖 3-30、圖 3-31）。

　　⑥前後併步站立，後腿微屈，前腳以腳尖為支點，以膝做平圓運動帶動髖、踝活動往返旋轉，左右交替進行（圖 3-32、圖 3-33）。

　　⑦「喜鵲登枝」。併立或開立，兩腳做翹腳起踵交替活動（圖 3-34、圖 3-35、圖 3-36）。

圖 3-32

圖 3-33

圖 3-34

圖 3-35

圖 3-36

圖 3-37

圖 3-37 附圖

　　柔韌功中還包括彈跳、跳躍和坐盤（圖 3-37、圖 3-37
附圖）等。其形式有原地彈跳、雀躍、蛙跳、旋跳、箭
跳、「地蹦子」、旋風腳等。

　　折疊方面就是盤坐。其內容是坐盤、跪盤、絞盤、根
盤（古樹盤根）等，在此不一一分述。

三、椿　功

　　椿功主要是以屈膝半蹲的方式，用維持長時間不變動姿勢的靜張，鍛鍊下肢與地面的牢穩性能，從而保證身體的重心不被破壞、失掉平衡而跌仆。因此，通臂拳莫不把椿功作為習拳的第一要義。故拳諺云：「未習拳先站椿。」

　　椿功是在靜止狀態下鍛鍊耐力的，且自然而然地保持著內心平靜、體態舒鬆、呼吸勻稱。身、氣、心達到不強調而自調，符合氣功的三調要求。椿功是以增強技擊中平衡能力為目的。它常常是將重心調到偏離身體軸線遠端邊緣的支撐面的極限上，增加蹲立的難度，以鍛鍊平衡穩固能力。

　　椿功又是以胯、膝、踝三大關節的曲折形成角度的大小。改變重心位置來負荷調節運動量，以鍛鍊下肢的支撐能力、抗外力衝擊的能力，保持重心軸線垂直於地面———即使被強大外力衝動或牽拉下肢發生位移而重心始終垂直於地面的能力，雖身處於懸崖絕壁險境而心情坦然無所畏懼的能力，增強足掌對地面的摩擦係數及上肢發力時的反作用力。

　　椿功鍛鍊增強了下肢各肌群、韌帶的彈性和力量，故而腳步落地生根、穩若磐石，足下生風，穩而輕靈，這是武術基本功訓練的重要一環。

　　椿功分為定椿和活椿兩大類。

1. 定 樁

包括騎馬式，又名四平式。

左右開立，略寬於肩，足尖向前，屈膝下蹲，以膝不超過腳尖，臀部不外凸為度；兩掌可扶於大腿上，或兩手上抬於腹前，也可以兩臂側平舉，兩膝外擺，兩小腿垂直於地面（圖3-38）。

另一種是撐拳架，與騎馬勢略同，斜身不丁不八步。斜度與地平線約45°，大腿接近水準，小腿垂直於地面，腰向下塌，胸向上挺。前臂虛握拳，隨身形前伸，拳心向下，肩向後坐，胸部與臂之夾角120°～130°。後臂屈肘貼於肋側，拳心向上扣於乳旁，肩向下塌要鬆。目視前拳（圖3-39）。這就是普通的站樁勢。

「金雞獨立」勢。一腿獨立，一腿屈膝上提，腳上勾，兩臂自然下垂，或兩手插腰。也可兩手抱膝或側平舉（圖3-40）。

圖 3-38

圖 3-39

面對牆壁開立，腳尖抵牆，屈膝下蹲，復立起。做這個動作時，由於牆壁限制了膝和頭不能超越腳尖，所以做起來相當困難，練習時腳與膝可適當隔開些距離（圖 3-41、圖 3-42、圖 3-43）。

圖 3-40

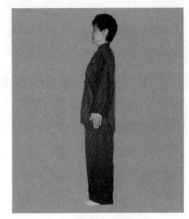

圖 3-41

圖 3-42

圖 3-43

2. 活 椿

活椿也叫行椿。活椿與步法、腿法、柔韌功相衝突。活椿主要鍛鍊下肢的平衡穩定性，以緩慢勻速的形式進行重心移動，這比快速移動、重心處於兩腿中間的動作難度大得多。

活椿的類型：

① 撥慢步

直立，一腳繃腳面緩慢前伸，再慢慢落地，身隨前移，站穩後另腳前伸（圖 3-44、圖 3-45、圖 3-46）。

② 鶴行步

屈膝半蹲，一腿上提，翹腳向前伸出，落地後另腿再向前進（圖 3-47）。

③ 矮子走

即蹲走。向前走、向後退、橫走（圖 3-48、圖 3-49）。

圖 3-44

圖 3-45

④ 前虛步走

行步時，重心向前虛步移動，同時，虛步向外旋轉至腳外擺 45°時，落實腳跟，提起後腿，腳掌與地面平行而前，過前腳變為前虛步。

⑤ 弓步走

提起後腿，腳掌與地面平行，前腳前弓，同時後腿向

圖 3-46

圖 3-47

圖 3-48

圖 3-49

後蹬直，變成弓箭步。

⑥ 馬步走

以前腳腳跟為軸，帶動軀幹向前旋，同時提起後腳，隨同旋180°落地。行動時始終保持馬步不變。

椿功在武術鍛鍊中是一種特殊功法，它既鍛鍊了柔韌，又產生了勁力的基礎，還是加強位移的原動力。位移的快速活動要以地面對腿部的反作用力來完成。

椿功在古代各拳種中是必修的一個科目，故有「未練拳，先站椿」的拳諺。據傳，通臂先人第三代單傳人呂憨舉練馬步椿，一蹲就是幾個鐘頭。聽說書時不坐板凳而是蹲撐拳架。所以，功成後腿上力量相當大，一匹馬也拉他不動。在武術界這叫「落地生根」。

四、上肢訓練

手臂是交戰時的先鋒，打擊力量由手臂向外發，變化多端的招法由手臂完成。手臂的柔韌素質對於手的靈活性、協調性、反應靈敏性以及擴大手臂活動範圍都起到非常重要的作用。由此，手臂的柔韌素質必須鍛鍊得像兩條有彈性的皮鞭一樣，才能在接觸到敵手臂時產生纏繞滑懈的效果。

部位：肩、肘、腕、手。

1. 活　肩

① 上下擺臂
雙臂同時一向上、一向下擺（圖3-50）。

② 左右手擺

雙臂向同一側平掄（圖 3-51）。

③ 分掌合掌

雙臂前平舉，向兩側分擺，然後返回（圖 3-52、圖 3-53）。

圖 3-50

圖 3-51

圖 3-52

圖 3-53

圖 3-54　　　　　　　　　　圖 3-55

④掄　臂

a. 單掄：一臂在體側往返掄立圓（圖 3-54）。

b. 雙掄；雙臂一前一後，向同一方向掄擺畫立圓（圖 3-55）。

c. 車輪轉掌：雙臂反方向，一向前，一向後，同時掄擺畫圓（圖 3-56）。

⑤側　擺

a. 兩臂從兩側上擺至頭上，下擺至臀後（圖 3-57、圖 3-58）。

圖 3-56

b. 雙臂各向異側擺至腹前交叉。不停，繼續上行過

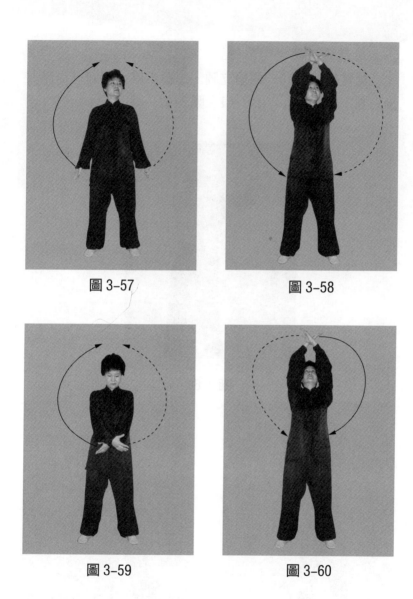

圖 3-57　　　　　　　　　　圖 3-58

圖 3-59　　　　　　　　　　圖 3-60

頂。不停，然後向兩側分掌，向下擺，不停。如此連續進
行（圖 3-59、圖 3-60）。

⑥ 轆轆翻車

雙臂從體前向一側掄立圓。連續不停，返回，從體前掄立圓。連續進行（圖 3-61、圖 3-62、圖 3-63）。

圖 3-61

圖 3-62

圖 3-63

⑦ 轉　肩

兩臂不動，只以肩部做往返轉動（圖 3-64、圖 3-65）。

⑧ 後　撩

手心向後，兩臂同時向後撩擺至極點，翻掌，在體側畫圓至體前，不停。連續進行（圖 3-66）。活動肩關節，肘關節是在腕關節帶動下得到鍛鍊的。

圖 3-64

圖 3-65

圖 3-66

2.活　腕

分上挑、下勾、旋腕、擰腕、塌腕、甩腕等等（圖3-67、圖3-68、圖3-69、圖3-70、圖3-71、圖3-72）。

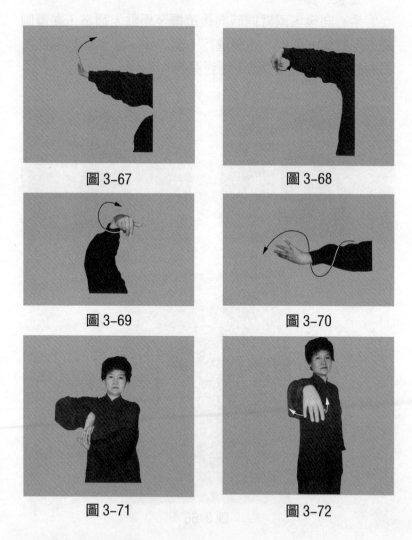

圖 3-67　　　　　　　圖 3-68

圖 3-69　　　　　　　圖 3-70

圖 3-71　　　　　　　圖 3-72

3. 活 指

① 屈指攏拳。
② 五指盡量張開或合攏。
③ 十指依次向掌心撥動。
④ 十指依次向上下擺動。

4. 肩、肘、腕、指組合活動

① 牽緣手
又叫「張揚手」。
兩臂前平舉，肘微屈，雙手同時順時針或逆時針畫立圓。循行不息（圖 3-73）。
② 白虎洗臉
雙臂向前、向上、向後畫圓至兩耳旁不停，復向下至腋前，再向前推出。反之，兩手上提至兩耳旁不停，繼續上舉過頂，再向前方仆去（圖 3-74、圖 3-75、圖 3-76、圖 3-77）。

圖 3-73

圖 3-74

圖 3-75

圖 3-76

圖 3-77

③ 纏繞手

形同轆轆翻車，微屈肘畫小圓。兩掌一前一後，如兩掌掌心相對在胸前纏繞，就是武術裏的揉球（圖 3-78、圖 3-79、圖 3-80）。

圖 3-78

圖 3-79

圖 3-80

④抖　臂

也叫「撣」

屈肘，兩掌置於兩肩前，兩掌向前塌腕，然後向前方抖出（圖3-81、圖3-82）。

⑤拉大架，又名高四平

兩腿開立，同視前方，兩臂置於腹前（圖3-83）。兩臂上舉，掌心相對；屈臂，兩掌變拳，置於肩上，拳眼向後（圖3-84、圖3-85）。兩拳向兩側拉開，成十字形體（圖3-86）。

圖3-81

圖3-82

圖 3-83

圖 3-84

圖 3-85

圖 3-86

五、通體組合活動

1.旋體甩臂

雙臂自然下垂，以軀幹縱軸為軸，往返旋擰，帶動雙臂做平圓弧，擺在體前、體後之掌拍打異側腰、胯部位（圖3-87、圖3-88）。

此勢如加大運動量，兩臂活動畫弧幅度加大，甩在體側之掌拍打異側肩頭，體後之掌拍打背部肩胛骨處。

此勢還可將重心移一腿，身向後傾，加大運動量。

圖 3-87

2.拗弓步大架

由正面開步，以兩腳掌為軸轉體 90°；雙臂從胸前向兩側展開成拗弓步，然後仍以腳掌為軸，向另側旋轉 180°，手臂動作同上（圖 3-89、圖 3-90）。

此勢雙臂隨轉體可做各種屈伸動作。或由雙掌在體前畫圓，向兩側展開。

圖 3-88

圖 3-89

圖 3-90

3. 伏身挑勾

　　一腿屈膝全蹲，另一腿向側前方直伸成仆步；同時上體下伏，隨兩腿以腳掌為軸向外側轉體，由仆步蹬起成弓步；同時，兩臂隨之向同側腿方向前後向上展開，前掌上挑，後掌下勾，如此左右起伏練習（圖3-91、圖3-92）。此勢其他拳種又叫「巧地龍」。

圖 3-91

圖 3-92

4.旋身擰臂

又名「古樹盤根」「雞拉膀」。

弓步站立；兩臂在胸前展開成直線，右手在前，左手在後，上體右轉180°，然後前掌向上、向側外畫弧，掌向裏擰，後手向下、向側外畫弧，掌向外擰，並使兩臂儘量伸直；同時身向前傾斜（圖3-93、圖3-94）。

5.鳳凰展翅

又名仙人指路。

開始時，開步站立，雙腳以腳掌為軸，向後旋體180°成交叉步；同時雙臂亦隨同身形盤旋，由胸前向兩側展開，若鳥之展翅。返還恢復原勢，再練另側。如熟練中間可不停頓，直接旋體360°，如此往返不已（圖3-95、圖3-96）。

此勢如以「劍指」完成，就叫「仙人指路」。兩臂如向兩側展平，就叫「黃龍轉身」。

圖 3-93

圖 3-94

6.犀牛望月

此勢略同上勢，但加大了難度。當轉體至180°時，腰向下翻，膝關節角度縮小，如大小腿折疊在一起，就成坐盤（圖3-97、圖3-98）。

圖 3-95

圖 3-96

圖 3-97

圖 3-98

7. 蹲起側手劈

這個動作是增強腿部力量的最好方法，同時也練了手背下劈彈力。

兩足開立，比肩稍寬；兩臂自然下垂；目視前方。屈膝全蹲，上體正直；同時，左右兩臂由下向上沿體側在頭上交叉（圖3-99）。

起立；同時，左右兩臂分別由上經左右向下劈下，力點在小指的外沿和前臂外側，劈下後雙手置於左右大腿外側，要直立挺胸收腹，目前平視（圖3-100）。

【要點】

此勢可連續進行蹲起，可十遍百遍地進行。

8. 烏龍盤打

這個動作是綜合各肢體的基本練習方法，它既活動了

圖3-99

圖3-100

腰，又活動了臂，還增強了大腿上的繃挑力量。

　　兩腳開立，氣沉丹田；兩臂側平舉；目視前方。重心向右移動成右弓步；目視右手前方（圖 3-101）。

　　右手由前經下向左擺動；目隨視右手；向左移動重心，隨之移於左腿，成左弓步；左手同時由左經上向右擺動，勢成，與右手臂成直線（圖 3-102）。

　　上動不停。右手由左經上向右繼續擺至過頭頂，變成向下壓打；左手向後扯拉與右手仍成直線形（圖 3-103）。

圖 3-101

圖 3-102

圖 3-103

右手用力向下拍地；同時，左手由下向上擺震成仆步（圖3-104）。這個動作難度較大，按要求腿和前臂都要接觸地面，習者可根據自己的情況而定。

圖3-104

通臂拳下盤腿法的訓練，除一般腿法外，還有幾種特殊訓練腿的方法，下面分述之。腿功的好壞，全在於胯關節的靈活與否，胯關節靈活，起用腿便快而力大。那麼，怎樣才能使胯關節靈活呢？介紹一個主要方法。

9. 抖腿活胯法

這是通臂拳主要基本功。

站立，重心在左腳，右腿、胯、膝、踝各關節均要放鬆不僵，提右大腿，帶動小腿，使大腿面儘量接觸胸、腹（圖3-105）。

然後用力向下蹬，蹬踹時也要放鬆，且勿拿勁，這樣腳不黏地連續提蹬，提蹬幾十次，甚至幾百次。當感覺到膝、胯各關節發出咯噔咯噔的響聲就好了（圖3-106）。

10. 高懸腿獨立平衡

貼牆直立，將一腿搬起，靠牆，使腳後跟接觸牆面。而另一腿直立（圖3-107）。這樣較長時間懸吊。老輩人

練此腿一吊就是一兩個小時。

頭部向懸腿後擺震（圖 3-108）。

圖 3-105

圖 3-106

圖 3-107

圖 3-108

圖 3-109

圖 3-110

11. 攜棉球

　　一腿直立，另一腿提膝成金雞獨立狀（圖 3-109）。

　　高懸之腿，大腿用力，將小腿抬起，用腳攜撥懸吊的棉花球。棉球被攜來回擺動，懸起之腳繼續不停，訓練一腳獨立平穩之能力（圖 3-110）。

12. 十字叉

　　上體正直，兩腿前後成直線叉開（圖 3-111）。

圖 3-111

圖 3-112　　　　　　　　圖 3-113

13. 夜叉探海

　　一腿直立，一腿後仰，上體前俯；仰頭目視前方；兩手向前探出。勢成要求停留 10 秒鐘（圖 3-112、圖 3-113）。

14. 叉腿平衡

　　兩臂套月，展臂虎口相對；屈膝下蹲，左小腿垂直於地面，大腿水平與小腿成直角；右腿在左腿後向前探伸，探伸之右腿挺直，腳尖向上勾起（圖 3-114）。

　　這個動作難度大，腿上勁力不足是很難完成的。

圖 3-114

15. 頭後拉肩

又名「蘇秦背劍」或「十字披紅」。

兩腳開立；右臂屈臂在頭後，左手屈臂於體後，兩手在體後相握，稍用力向後拉震，使右肩關節舒活（圖3-115）。

圖 3-115

16. 拽胳膊

此動作的目的是訓練兩臂的柔韌鞭勁。

兩腳開立，成右弓箭步；左臂前平舉；目視左前；左手由前向後擺動，經體後由頭上向左前掄劈；隨勢右掌由後經上向左前用力劈下；重心隨勢前移，以增加力度（圖3-116、圖3-117、圖3-118）。

圖 3-116

圖 3-117

圖 3-118

兩手在左腿外側交叉後，還原成圖 3-116 動作。

第三節　呼吸探討

談到呼吸、自然會聯繫到氣功，而氣功鍛鍊的要點則
在於機體——身、氣、心的「三調」。調就是調理。調

身，是調理機體各組織器官在空間處於鬆弛、舒適、安詳狀態；調氣，是使在呼吸作用下，氣在機體內部暢通無阻，加強氣體交換；調心，是使意念———思想集中，對機體和呼吸的狀態加以調理和指揮。

這三調的方式對武術鍛鍊在呼吸問題上是同樣的道理。然而武術不只是練氣，它練氣在於用，它還有用氣，這些與一般氣功是大有區別的。

對於呼吸問題，通臂拳在書面上只有兩句話「渾抱丹田」「溜肩下氣」，在口頭上只有「自然呼吸」「氣沉丹田」和「鬆肩沉肩」，強調忌「憋氣」「僵勁」和「聳肩」。

武術在實用上是種極強烈的體育運動，只憑幾句抽象的術語，未免就太簡單了，因而對呼吸問題應當深入研究。

呼吸對武術來說，就是練力，也可以說是練勁。氣是產生能量的物質，沒有氣就不能進行化學反應，更不能把潛伏的能量激發出來。氣又是發放能量———力的支撐點，無氣就無從說力，只有氣足才能力猛，只有氣足才能有雄健的體魄，精神飽滿，才能動作矯健，才能產生武術三要素———速度快、耐力強、肌腱堅韌。

在武術鍛鍊和實用中，由於肌體運動的節奏不同，所形成的呼吸節奏也不同，自然呼吸就是呼吸和動作二者在行動上相適應、相配合。也就是肌體在活動過程中意念力著重到肢體上，對呼吸則任其自然，隨動作的需要自然形成呼和吸、意與氣節奏。不調自調，在這一點上呼吸與動作也有個自然形成的規律，那就當動作為開、為發的時候

呼氣，當動作為收、為蓄的時候吸氣。然而這也是相對的，這是因為武術活動有不同的節奏，而開呼合吸的規律只適用於慢動作上，特別適合帶有節拍和發放爆發力的動作上。如果動作是快速與連續性的、左右肢連續更替性的，左肢開為呼時，右肢開必為吸，所以開呼合吸這一規律就不適用了。

自然呼吸應當好好體味「自然」二字。自然是沒加外力形成的狀態，這種狀態是不急不躁的，是適中的，這樣就避免了在肢體動作上的過度而造成緊張狀態。

另外，自然呼吸在武術中也是相對的。因為武術對呼吸有個練與用的問題，在用時就必須做肢體緊張的動作。少林拳總結出在呼吸運用上的精闢詞句，曰：「運氣貴在緩，用氣貴宜急，送氣必用呼，接來必用吸……此中玄妙理，只在一呼吸。」這就指明，在練習功法時，呼吸的氣息頻率要「緩」當實用發力時，就必須急上加急，才能產生巨大的爆發力。

通臂拳在這方面雖沒總結出什麼警句，但它在需發爆發力時的發聲助力也體現了這個道理。這種發聲助力現象在體力勞動中，由於負荷超過體力而加大了對人體的壓力，為了克服這一現象，有時也會自然地發出「嗨」的呼聲來，以緩解氣體對內臟的壓迫。

在拳術實用中，除了發聲外，還有從鼻孔將氣噴出的現象，這是生理本能調解呼吸的作用，是動作為開為發時必呼氣的有力證明。這種規律是不能違背的。此時如果不把氣隨機體內的壓縮放出來就叫「憋氣」，憋氣會對人體造成損害。

一、通臂拳講究「氣沉丹田」

古人把呼吸的氣體鍛鍊成一種對人體有益的可表現特殊功能的精微物質叫「丹」，在機體內部作為練丹的某一部位就叫「丹田」。「丹田」的部位基本分上中下三處，上丹田在兩眉中間，中丹田在鳩尾骨部，下丹田在臍下小腹部。也有的認為，上丹田在頭頂部、中丹田在小腹部、下丹田在腳心部或陰部。也有人認為人身處處是丹田。這種種辯證的分析原則上都能成立，這就需要根據客體練功人的體質條件及所練的功種而定。

武術鍛鍊是以動功為主，是以外功來改變呼吸的內動，加強呼吸肌的鍛鍊，活躍了閒置的肺泡的功能。所以，武術取的丹田部位是臍下的小腹部。

氣沉丹田實際上是擴大肺活量，加強橫膈膜的擴展和收縮的程度。增大胸腔容積，這個任務是由腹部起伏造成的力完成的。這是因為腹部是肌肉組織，有很大的伸縮性，對胸、腹部既是緩衝容納氣體的地帶，同時又是力的支撐點。所以，凡是練氣功的無不強調「丹田」這個地方。

二、談談肩與呼吸的關係

肩部是胸部連接上肢的一個關節，它的活動狀態與成型與呼吸有很大的關係。它在活動時牽動胸廓的多塊肌肉群和內臟，當肩部緊張時，胸部和內臟也隨同緊張，因而

呼吸就上浮於胸腔，不能貫通於丹田，造成了上實下虛、不自然的有害體態。故許多拳種都重點強調鬆肩、塌肩、沉肩，而把聳肩、寒肩、端肩列為大忌。

三、丹田與意的關係

不要認為氣沉丹田只是呼吸器官的作用，實際上起主導作用的是意念───神經中樞。沒有意念，機體任何部位都成不了丹田，意念專注於哪個部位，哪個部位就是丹田。武術雖然強調了氣沉丹田───小腹部，但除了樁功外，意念並沒有專注於小腹。

在鍛鍊功法的時候，基本上是把注意力放在肢體運動上，在實用時放在了客體的形動上，所以，具體到武術中的丹田處所，應當歸結為「無處不丹田」。這裏所說的丹，不單指氣功界所煉的丹，而是指人體的潛能量。

四、生理學對呼吸的認識

當機體肌群進行大強度收縮時，呼吸有三種方式，一是呼，二是吸，三是憋氣。根據生理現象，呼氣時出拳發力：

1. 力速而勁。

2. 血液由下腔靜脈進入心臟及時，由心動脈供給頭部血液充足，保證中樞神經緊張持久工作。

3. 腹腔加大，膈肌和內臟上提，腹肌緊張，對神經叢起保證作用。

4. 脊椎彎度大，利於放鬆。

5. 呼吸自然，充分完成呼吸過程，呼吸肌不易疲勞。

吸氣發力：

1. 容易造成推動。

2. 脊椎啟動，增加緊張度，當轉為呼吸時，仍需用力。呼吸肌易疲勞。

憋氣發力：

1. 胸內壓強增高，靜脈回心血量減少，心輸出量降低，影響血液循環。

2. 肌肉緊張，肌肉內血液惡化，影響肌肉反應速度。

屏氣區別於憋氣，憋氣是強制性的，而屏氣是在自然情況下進行的，它是呼和吸的延長，因而它對肌體無害。在其他拳種中把這種情況叫「托氣」「聚氣」，就是當吸氣後短暫屏氣叫「托」，當呼氣後短暫的屏氣息叫「聚」。

第四節　關於意念

一、意是形的靈魂、核心、司令部

人之一切活動都是在意的支配下進行的。練形必須練到意到形隨、形隨意動、形神合一的程度，因此，練形的同時也就練了意。雖然如此，還必須要有一個意先於形的起主導作用的方法，不然意就會任意、隨意，失去了起主導作用的目標。

思維活動無形無狀，抓不著，看不見。「意馬心猿」，即形容意識好像野馬、靈猴子一般活躍異常，無拘無束，海闊天空，任意馳騁，一刻也安定不下來。這樣的意就不能為形所用———形意脫節。意溢體外，常為其他生物吸引，無目的地想這想那，神不集中，發揮不了發號施令的作用，從而肢體產生不適當的緊張，該緊張處不緊張，不該緊張處而緊張，出現不協調現象。因此，對意必須要有個自我控制調整的辦法，這個辦法就是把飄浮在體內外的意統統收攏起來，集聚成一團（點），控制於一個部位，這個部位就是小腹部。

調整活動疏通氣血，為用去佈陣，尋找戰機、製造戰機，隨機應變。這個意坐陣的部位就是「丹田」。這個過程，通臂拳叫做「渾抱丹田」，一般叫「氣沉丹田」。

在調整意念過程中，大體分為四個層次：即意專、意守、意貫、意靜。

1. 意 專

意專是由事物的客體刺激主體，使主體主動地把意念集中於一點———聚精會神去解決學習、研究等正在進行的一系列活動中存在的問題。專心致志、一心一意、心神專注，以及心往一處用、勁往一處使，都說明此意。

只有形神合一，才能練形也練意。掌握了以上的概念，就能起到事半功倍的效果。

2. 意 守

意守全名叫意守丹田。丹田為什麼選在小腹部？這是

因為意點注在這裏時，意受到腹壁橫膈膜的升降推動而產生起伏的感覺，被誤認為是氣沉到那裏。但這也不完全錯，因為是氣息的作用使意產生了感覺。

不過氣沉丹田，往往被人領會成用力強迫氣向下做勢成了憋氣，使胸部緊張，影響氣血運行不良的因素，因此有很多習拳者反而因練功勤奮練出病來，大多是因此造成的。

人的胸腔是以硬組織骨骼構成，像一倒置的筐子一樣的胸廓，保護著重要臟器———心肺。氣體在胸部活動範圍非常小，緊靠下面的橫膈膜向腹腔推拉，這樣腹腔就成了氣息容納迴旋的場所。因腹腔是由軟組織肌肉構成的，有很強的伸縮性能。當呼吸器官吸進氣息壓迫橫膜下降時，就推動了腹壁外凸。當氣息呼出時，胸腔負壓橫膜上升，拉動腹壁內凹，這樣小腹部就是胸腔氣息的依託，又是氣息的支撐點，使胸、腹連成一體，負擔著呼吸運動。因此，意念的駐紮地建設在小腹，意和氣就溝通，意念就能很好地掌握住氣息的命脈。氣息有微小異形變化，意馬上就能察覺到而予以調理，使之通暢無阻，這就是意與氣合。也只有這樣，意才能將氣調理到深長、細勻的氣態要求，也就緩解了胸部的緊張狀態。

胸部的緊張，是意念受到外界強烈刺激，意急速收縮，心肺神經緊張，失去了對內臟的制約管理，心肺因之離位上浮，形成提心吊膽、胸腹脫節、內臟懸空等無著落狀態，由此造成心肺活動受限，氣道血路堵阻，流通不暢，呼吸短粗急促，供氧不足，廢料也因之堆積，血液上湧，頭部充血，重心隨之上升，形成上實下虛、頭重腳輕

的不穩狀態。所以，古人選擇了小腹部駐地丹田，就是為了克服胸部緊張的不利因素。

3. 意 貫

貫是貫通。意守是把意念存放在小腹部坐鎮，而意貫則是把氣息貫注到小腹部同時又不限於小腹部，而是根據需要使之趨向那裏。但意貫不能脫離意守，它必須是在意守形式下，在腹實胸寬的情況下的意貫。所以，意貫首先是貫通氣息，解除肢體緊張，其次是貫通關節，使關節鬆開，加大活動範圍，特別是頸椎和腰椎。

4. 意 靜

武術鍛鍊是以動為主的運動形態，無論練與用，要做到意靜是相當困難的，或者說根本不可能。有人說「外動內靜」，這種認識不太客觀。實際上，外動內必動——肢體動必然牽動內臟動，一動無不動。而「形動意靜」這種認識在鍛鍊上可以說得過去，但這只能說意在「專注」，而不能像養生功所說的那種靜如止水，達到無物無我的靜止程度。肢體動時，意也在動，為肢體作調整，為氣息作疏導，沒有停止活動。即便是養生功的「心如靜水」的那般靜，意還是為了克服對這種狀況的干擾和再一步邁向更高層而動。所以，這裏也體現了唯物主義觀點，表明了動是絕對的，靜是相對的這個客觀真理。

動與靜兩種運動形態共同存在於一種事物中，是一種事物運動的兩個方面，沒有動無所謂靜，反之也是如此，二者互相制約，以維持機體的平衡。而鍛鍊意保持靜的狀

態，就是鞏固這種平衡的手段。在這個基礎上，進一步超越原來的平衡程度而達到新的平衡，也就是前面所說的昇華。靜就是意念昇華。

動靜這一概念在武術中常表現在實用上，「動中有靜」「靜中有動」「彼動己靜」「彼靜己動」……都是指在實戰中靜的程度越深，膽量越大。所謂，「泰山崩於前而色不變，濤湧於後而心不上提」。這就是文人對臨陣鎮定自如的形容。

臨陣時，無以言變化，無靜無以知戰機，靜得愈深沉充分，變化愈巧妙，警覺性就愈高，應變能力就越強。

靜是機智勇敢的保證；也是發揮技能的保證。

二、心、神、意、力、膽

練拳主要是練「形」———肢體———手眼身法步和練「神」———心神意力膽———中樞神經。練形是練肢體活動，活動使人超越原有的功效；練神就是在肢體活動中超指揮調理的作用。這裏的「神」包括了「心、神、意、力、膽」，實際就是意識。

「心、神、意、力、膽」除力之外都是意識，是思維活動的不同名稱。

「心」這裏的心不是指心臟。而是思維器官———大腦。

「神」，這裏的神，在武術中有時代表意識，有時代表出奇的功能；有時代表內心表露的形態。

「意」就是「意念」。意念這一概念有時和心、神兩

個概念相混淆。此如彼，彼亦如此。好像是一物多名，很難區別。

「膽」不是膽臟，而是膽量。膽量是指由於鍛鍊積累起來的能量，儲備能以應付耗抗，戰勝加在自身的險情和敵對力量的信心，能在險惡的境地中，心不慌，意不亂，泰然處之，這就是膽量。

膽量也意味著心情激蕩而不緊張，使意念始終處於安詳的地位。

第五節　步　法

無步不成拳。武術的步法和一般行走跑跳的步子不同，它是根據運動的需要，時進時退，忽左忽右，起伏盤旋，時疾若颶風，時緩如細雨載運著軀幹，不停頓地挪動位移。技擊的每一個動作、每一個招勢都離不開步，步關係著戰局的成敗。趨進目標、躲避打擊、變招變勢、調整重心，無不靠下肢———步的快速位移來完成。甚至動作的靈活敏捷，發力的迅猛也靠步的配合來完成。

前輩云：「手是兩扇門，全憑腿打人。」就是說，技擊對抗全憑腿來戰勝對手。這裏的腿就是指步，即以先進步法戰勝對手。

步法要輕靈敏捷、輕鬆自如，便於趨進、撤退、便於閃展騰挪———向各個目標方向移動。步法中的兩隻腳要有虛有實，虛實要分明，落點踏實互換，此如實，彼必虛，而重心也在不停地隨步移動著。腳的落點只是短暫的行進中的過渡形式。步有快慢卻沒有停留，停留則呆板不

圖 3-119

靈，不利於啟動身形，即便是陣地戰術，雙腳也應分虛實，時時在挪動著，護住中心線和死角，決不能雙腳同時踏實。通臂拳步法中腳的位置既不正面也不側立，在方向上採取斜吊角———與正面前方形成 40° ～ 50°角的位置，這種位置自然使腳形成了「丁不丁，八不八」的腳位形（圖 3-119）。

通臂拳的重心常側重於前腳上，而後腳常為虛腳，兩腳在重心分擔上基本處於前八後二的程度。身形與步形的位置變化構成步的名稱。肩與膝處於同側，方向一致，叫「順步」。肩、膝不同側則叫「拗步」。「順步」多做提踵，拗步多前實後虛。

通臂拳的步法，過去是非常保密的。昔先父郭長生，曾多次囑咐我們，多好的友朋在一齊較藝，也不叫他看步。尤其是外門派的人，絕對不叫他看通臂步。這是因為「招打人不知」，叫別人看了步，再用步就不靈了。所以，我們小時的師兄弟們在一起練功，也不露自己的步法。這是一條規定吧！任何人學了步都要嚴格保密。

通臂拳的起步。如順步，先向前邁前腳，後腳跟進一步———逢進必跟；先邁後腳過前腳，前腳也必須跟進一步這還是逢進必跟。逢進必跟要保持一定的步距。

通臂拳的步幅要求儘可能大，技擊中也只有步幅大才能放長擊遠，但步幅一定要與重心一同前進，決不能步動身留。

　　逢進必跟這一規律就是由此原因形成的，逢進不跟，必定是雙腳踏實，造成失勢。

　　步法的頻率要快，要善於控制慣性，要鍛鍊快速運動中驟然改變行進的方向，驟然停頓，驟然啟動，盤旋自如。

　　步法的引進路線如下。

①直　線：

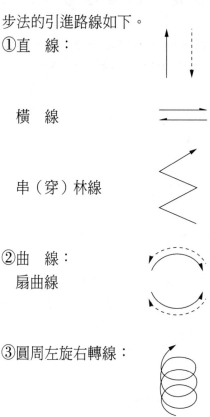

　　橫　線

　　串（穿）林線

②曲　線：
扇曲線

③圓周左旋右轉線：

④8字線：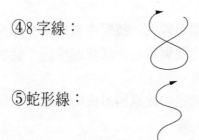

⑤蛇形線：

一、步是力的發力點

力之發出必然與腳步的落點協調一致———落到一個點上。腳蹬地的反作用力激發的通體之力疊加在作用點上，就是通臂力。

由於這種力量是在步的快速運動中完成的所以其勢既快又猛，而且自然。

二、步型與步法

通臂拳的步法亦即腿法———步即腿、腿即步，腿從步中發。這種腿法既隱蔽又快速，暗裏攻擊。

步型是步法運動暫時處於靜止狀態時下肢所形成的形狀。同時，技擊的步法是永動的，所以步型在步法中只是一種過渡形式，一閃即逝，不易形成固定的步型，但步法是有節奏的，因而步法中存在著步型的影子。

固定的步型是鍛鍊下肢蹲站的耐力能力、腳對地面的摩擦力、平衡穩固力、抗傾力矩力而設計的，對步法起連接作用，是步法的基礎功，因而步型多畫入椿功中。為馬

步、弓箭步、仆步等步法：

1. 擠 步

前腳向前邁出一大步，隨即後腳跟進一步（逢進必跟）仍保持原步型和步距。

當後腳跟進一步才落地時，前腳馬上起腳又向前邁進一大步（逢跟必進）。如此循環不已。

2. 跨 步

後腳跨過前腳，前進一大步，前腳跟進一步，變為後腳。仍保持原步距。

3. 倒 步

前腳過後腳向後退一步，後腳隨退一步，變為前腳。

4. 撤 步

後腳向後撤一步，前腳也隨退一步，仍為前腳（逢撤必隨）。

5. 坐 步

雙腳彈起，同時後撤一段距離，仍保持原型。

6. 蟹行步

包括扇面步。

雙腳微提踵，以前腳掌向左右兩側橫向移動，步法與縱向相同也是此進彼跟，始終保持原來步距。

7. 挪蹭步

與蟹行步相仿，惟不時地向前後左右各個方向挪動。動作宜輕鬆自如，根據實戰中的快慢不同而變化，即有時慢，有時快，有時似停非停，待機而動，總以靈活為上。

8. 碾　步

單腳或雙腳微提踵，以前腳掌為軸，在原地上只做左旋右轉的足跟位移。

碾步是為轉變身步的開始動作。無論是靜止狀態還是運動狀態，只要轉換身形，處於主要支撐的那隻腳，也必先做碾的動作。

9. 擺　步

即腳掌向外側擺動的步。

原地擺

前腳以腳跟為軸，腳掌向外擺，旋擺約 90°。

外　擺

前腳和後腳腳掌向外擺。向側前方邁出一步，或向側後方邁出一步。

作用：在實戰中，為調整有別於對敵的位置而做。扣步與擺步相反。擺步是向後轉身，扣步是向前轉身。扣、擺連續起來就是轉圈圓周步。

凡改變行進方向時，都需擺扣步法。擺扣步也可看成是運動著的丁字步。擺扣步步幅小，動作快，也稱作盤旋步或旋風步。

10. 墊步（催步）

後腳向前邁一大步至前腳旁，在將落地時，前腳起步，也邁出一步，保持身形不變。根據距離的需要，後腳之墊可以墊在支撐腳的前方或後面。

11. 跳　步

前腳起跳，前腳向前跳起，在腳尚未落地之際，後腳隨勢起跳並越過前腳。或後腳起跳，後腳向前越過前腳，在尚未落地之際，前腳隨即向前跳出並越過尚未落地的後腳，仍為前腳。

12. 縱　步

先上一步，借蹬地的反作用力，彈起雙腳，同時離地向前跳縱。

13. 絞　步

定勢或運動中，前腳向側前方用外擺邁進一步，提踵，以兩腳掌為軸旋轉 180°，兩腿成交叉步型。

14. 雞　步

直身斂臀半蹲，交替向前擺動兩腳，連續快速向前奔跑，步幅宜大，身形始終如一，惟水平與高度不同。

15. 拗　步

上體與下體相拗。如左腳在前，左臂向後，左腳向前

進，右臂向前揮，步法與身法相配合。行動起來旋腰切
胯，扭動腰軸，隨步之節奏左旋右轉，蜿蜒蛇行。

拗步是前實後虛步型，重心在實腳上。

拗步的三種起步法：

①原地起

原地以前腳掌為軸，腳跟向前旋，借助旋轉身力，調
轉身形方向，同時後腳跟一小步，形成上下肢異側的拗步
型。

②前腳上一步，後腳跟半步，同時旋身約150°形成拗
步。

③原拗步形向另側旋身邁後腳，過後腳向前進一步，
原前腳跟一步變為後腳。

拗步步距小，後腳虛便於啟動，移動快，步幅大、跨
度大，速度快，利於發腿。

拗步的路線（圖3-120）：

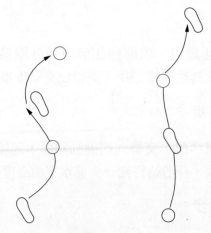

圖 3-120

16. 順　步

順步是組合步法之一，是由半步或拗步、絞步及跨步和跟步組成。

①由定步前後立開始。前腳提踵，以腳掌為軸，向外旋身約180°，前後側對調形成拗步；同時，雙腳蹬地，後腳跨過前腳向正前方跨出一大步，原前腳隨即跟進一步，變為後腳。

②開始先前腳向前邁一小擺步，同時身向外旋，後腳跟一小步。不停，借擰身，後腳向前跨一大步，原前腳跟一步變為後腳。

③比①多一個小半步。

17. 三角步（拌身步）

前腳向異側前方以扣步邁進一步。同時轉身，後腳向後撤一步，落在前腳的位置上，轉向後。

或後腳向側前方跨擺一步，前腳向後撤一步，落於後腳位置上（圖3-121）。

18. 盤旋步

即擺扣步。在原地進行盤旋。

圖 3-121

19. 旋風步

前腳向裏側走弧線，由體前向體後擺扣，後腳走弧線，面向後撤至體前，借旋轉慣性，兩腳行旋風步，旋轉不已。

20. 激絞連環步

全名為「獨趾激絞連環步」。

此係激步和絞步的合稱，問題是還有個「獨趾」，很費解，有可能是指腳前掌———提踵或者是指腿。這是指在交手時，提踵、腳步移動更為靈活。

激絞有可能是「犄角」，此步的蛇行路線左右連環，互為「犄角」。這樣也可以講得通。

無論是「激絞」或是「犄角」，關鍵在連環上。連連不斷，環環相扣只有步頻快慢而無停滯不前的跡象。壯若行雲流水，急若海浪滔天，洶湧澎湃、萬馬奔騰；徐若空中浮雲。連環主要在步中。步一停，自身動作必斷。

21. 周旋步

以上的步法，都可以認為是進攻性的步法，周旋步則是尋找戰機的階段，也就是與對方周旋的階段。

通臂拳的戰略，是在雙方對陣中先發制人，即先下手為強。以靜待動不是固定的，而是根據場地上出現的戰機而搶攻、佯攻或靜待，而且無論是攻或防都是在動中求戰機。但這樣動是「動中靜」，即雖然神形在動而神意在鎮靜，神形要保持輕鬆自若，神意輕鬆，步履自然，輕盈靈

快，有條不紊。

周旋步是根據實戰情況決定的，因而其速度、方向、路線也是隨戰機的變化而變化，時快時慢，忽進忽退，左插右穿，飄忽不定。即便兩腳處於原地不動，重心也不時地在兩腿之間移動。

以上是通臂拳的主要步法，此外還有羞步、偷步、歇步、倒插步等等，共有七十多種。

三、腳步訓練功法

1. 彈 跳

自然站立，微提踵，以足前掌蹬地彈起身形，連續不斷地彈跳。這主要是鍛鍊腳弓的彈力。動作要求自然鬆適。

2. 雀 跳

膝微屈，雙腳蹬地向前跳躍。

3. 蹲 跳

全蹲，雙腳蹲地，連續向前跳躍。

4. 踢趟跳

兩腳交替，以腳之內外側向前踢趟跳動。

5. 旋身跳

兩腳蹬地懸身，同時向後轉體180°。

6. 調換跳

前後站立，雙腳蹬地躍起，同時前腳向後擺，後腳向前擺，互換兩腳的位置。

第六節　身　法

身法是指九種身型在四肢配合下，在運動中所形成的運動狀態而言。

身法是以軀幹和下肢的旋擰和屈折伸縮搖擺動作而形成的。在軀幹動作上，自項至踵垂直地面的為縱軸，這條軸的中心在脊椎橫斷面的中心，有時在肩外側。

橫軸在腰、腹部，但活動幅度不大。在橫向轉翻運動中，主要靠整條脊椎及下肢各個關節的活動共同完成。

身法的樞紐在腰，而其根則在腳。身體的任何活動都需要借助腳的活動激發來完成，尤其是旋轉，腳是必然的軸心。

身體活動形成三種身型：

1. **正身**　身體正面向著正前方。
2. **側身**　身體側面向著正前方。
3. **斜身**　身體處於與正前方的垂線成 60°～120°角的方向上。

通臂拳的身形多取斜身方向。

斜身拗步是自然形成的。這是由於通臂拳的身法變化在於時時做左旋右轉，而旋轉必然形成拗步，拗步又必然形成斜身。因此，斜身必然成為通臂拳的主要身形。但在

運動中，身形在不停地移動，三種身形也在不停地交替變換。

身形的各種名稱：

1. 探　身

身體由垂直站立狀向正前方側身探出一段距離（重心不能超出前腳尖）。

2. 吞　身

身體由垂直狀向後凹腹吞胸，使脊背成弓，甚至帶動兩腳向後移動。

3. 擰　身

以腰胯為軸，上體做左右旋擰。

4. 轉　身

身隨腳步做旋轉運動。

5. 撐　身

在位移上較轉身活動範圍大。

6. 閃　身

身隨腳步向側旁閃躲。

7. 伏　身

屈髖、膝下蹲，身軀下伏接近水平，即「下潛」。

8. 抖　身

身體做微搖動之快速活動。

9. 束　身

彷彿吞身，全身內體中心收縮盤蜷為球狀。

10. 長　身

由束身向外彈出。

11. 搖　身

以髖為軸，上身做圓周擺動。

12. 晃　身

以髖為軸，上身做左右搖擺。

13. 縱　身

即縱步的形狀。

14. 翻　身

身體借腳步之擺動，做水準方向翻轉一周。

第七節　眼　法

眼是心之苗，是認識外部世界的感官，在臨陣決策採取相應行為時起著先導作用。窺側虛實，捕捉戰機，判斷步間距離，洞察對方心理活動，主要靠視覺接收對方的行動意圖的刺激，反映給大腦，發現其攻，取之以防，發現破綻，施之以攻。

首先談談傳統武術對眼的經驗認識。

「眼要尖」。尖喻眼能洞察細微活動。

「眼要硬」。硬喻其捕捉目標堅決，不使目標跑掉。

「眼賽電」。喻其搜尋目標要快如閃電。

「眼含神」。喻其堅定銳利的目光含有威懾力量，令人望而生畏。

「打人先封眼」。對方若視覺受制就意味著失掉一切。

「擾人先晃眼」。眼神散則神亂。

傳統上對眼部功夫的訓練內容：

1. **專注**。確定一個視力能及的固定點，凝神久久注視。

2. **注視飄浮移動目標**。如追視正在飛行的飛禽、昆蟲等。

3. **運動眼球**。即眼球做左右旋轉運動，左右瞟視。

4. **「刺激眼球」**。臉俯在盛有水的臉盆上，以手撩水潑眼。二人對面，互以手晃動對方眼睛，攻擊對方的嘴部，其名「晃嘴巴」。

以上這些功法大都是在「動」上下工夫，有些是在發放用力的功能。發放功能只能用在實戰上。要想培養銳利的目光，其關鍵在養，「養」就是叫眼睛得到充分的休息。要想使眼睛得到充分的休息可以把神仙修練成功法意念拿來一試。

神仙修練成功法中調身的「二目垂簾」，就起到了既內視、意念「專注」的神不外馳，又保養了眼睛的靈光不外泄，因而是靜功裏鍛鍊眼睛的最好方法。

「垂簾」是氣功的術語，其動作要求是把上眼簾垂下來，只留一道細縫，以目光只能瞧見自己的鼻尖為準。另一個與垂簾有連帶關係的調身動作是「下額」微內收，不能仰臉，仰臉就不能做到眼觀鼻、鼻觀心的練功要求。這雖然是對氣功鍛鍊的具體要求，但對武術也是極其重要的，也是必須注意遵守的一條。

仰臉觀察眼前的事物是人之生理自然形成的習慣，可是這種習慣在技擊場上卻是非常不利的。

首先，仰臉時，眼睛投射的水平焦點聚於被觀察客體的上部，這樣就察覺不到客體下部的活動。

第二，仰臉時不僅看到了目標，而且把視野中一切景物也盡收眼底，這樣就分散了注意力，又消耗能量，而收額會自然地克服這一矛盾。

垂簾對武術鍛鍊是個好辦法，也是一條對技擊有很大影響的法則。那麼，與對手交鋒時，是始終把眼睛瞪得大大的呢，還是長時間地把眼睛眯縫成一條細線呢？一般情況下，對陣時應當把眼睛瞪起來，這樣顯得威風，也鎮儑著對方，便於在精神上先取得優勢。但這種精神不宜過長，過長者神疲。而且雙方周旋的過程中應使眼瞼做到只觀察到對方眼睛為宜，這樣既可保持足夠的鎮靜，又能防衛對方對眼睛的突然襲擊而發生閉眼的毛病。古人說，對陣時的神態應保持「泰山崩於前而色不變」的神情，大概就是這種意思。

由此看來，武術只練動功還只是功夫的一半。要想功夫完整全面，還必須以靜功為輔。反之，練靜功也必須以動功為輔。觀歷代養生家大多數是動靜結合的修練法，達摩面壁九年還得編套《易筋經》活動筋骨。

傳統武術多數隻注意關節的活動而忽視對眼的關注。即使有，也只是注意到交鋒時對眼睛的用法上。如注視對方兩肩、雙目、印堂，在表演上注意眼神的靈活等。而忽視了它的接受資訊為行動先導的作用，這是習武者應當引起注意的要領，更不要忘了養目就是養生的妙諦。

第四章
通臂拳的技術要領

第一節　通臂拳的鞭勁

通臂拳在閃展騰挪、起伏轉折中，表現出胸背吞吐、雙臂反向交劈、擰腰切胯的特點。要求做到：「腰似蛇行、臂是長鞭、柔中帶剛、內展交劈、伸肩擊遠、沉長冷彈。」

通臂拳在臂擊時如抽鞭。因此，鞭勁是通臂拳的主要方法之一。要使掄劈動作力量充足，必須做到鬆肩順肘、放長擊遠，這是掄劈手法發揮快速有力所必需的。怎樣才能使掄劈的勁力充足呢？

根據 $F = m \cdot a - m\dfrac{V_t - V_0}{t}$ 的力學原理知道：在質量 m 不變的情況下，加大線速度 V 就可以增大作用力 $F_0V = r \cdot w$ 的原理又告訴我們要加大線速度 V，除加大角速度 w 外，還可加大半徑 r 來實現。因此鬆肩順肘，可使肩關節韌帶加長，增加轉動半徑。轉動速度越快，獲得的線速度就越大，劈臂發力時的鞭勁就越大。

左右手交劈發力時，根據 $F \cdot t = mV_1 - mV_0$ 的動量原

理，物體碰撞前的變化（$mV_t - mV_0$）越大。碰撞時的衝量（$F \cdot t$）也就越大。由於衝量是衝力和時間的乘積，所以交劈時，在獲得一定的衝量下，欲加大發力的猛勁、脆勁，就必須縮短左右手交劈時的接觸時間，這樣劈臂力就既狠又脆。

動量傳遞原理是掄劈手法達到鞭勁效果的科學依據。這就要求軀幹和各環節的運動要協調一致，即用腰背發力、達於肩、達於手的順序，節節相催，依次運動，給各環節的動作逐步傳遞，運動速度依次會成疊加而達到鞭梢（即手指尖）。

綜上所述，發好鞭勁的要點是：

1. 引臂展體，預先拉長相應工作肌群的初長度。

2. 有意識地做到探長擊遠。獲得較大的線速度。

3. 身體各環節要依次運動，節節催送。

4. 兩臂交劈時，力求縮短接觸時間。

按此練習，便能較快地掌握通臂拳「放長擊遠」的技術特點。

此外，通臂拳的撒摔、捋抖掌，這些手法也是通臂力的基本功。要求做到：力貫手指，勁達於掌輪（掌背）。舒胸展髖，軀幹與下肢共同構成反弓形，探臂鬆肩，要求做到頭頂、實腹、舒腕，力冷彈。

第二節　通臂拳的手臂發力功

發力功就是柔韌功的不同鍛鍊方法，與基本功形式相仿。柔韌訓練肌體靈活、加大活動範圍，而發力則是追求

肢體由內向外發放的能量———力。在實用上，無力則不能克敵制勝，無柔則不能變化無窮，二者相輔相成。

在徒手搏鬥中，攻防主要靠手臂作為武器，因而練力首先要練手臂，使其具有沉重的力度、飛快的速度、堅硬的硬度以及柔韌靈活多變性等素質。

沒有力量就不能衝鋒陷陣，沒有速度就不能贏得戰機，沒有剛硬就守不住門戶，沒有柔韌，動作就會陷於僵滯呆板。所以，力、速、硬、柔，實為手臂的四大要素。

除柔韌外，力、速、硬實為一體，表現為三種不同的功能。三者同時出現，同時消失，而力是主要形式。力越大速度就越快，硬度也越大。三者互為因果。因此，練手臂的力度，同時也就練了手臂的速度和肌腱的硬度。

力是一種能量貯存於肌纖維中，發力主要靠肢體的運動。肌纖維越粗，貯能就越多，肌纖維越長，其收縮彈性就越強。因此，練力就是練肌肉儲存能量。

力和氣也有關係。氣力、力氣，談力時總連著氣。力、氣是聯繫在一起的。

無氣無所謂力，當然其中還有血。在能量轉化產生過程中，離開血液，也是無所謂力的。氣、血與力也是成正比的。氣血足，力就大，力量大也就說明氣血旺盛。氣、血是力量的保證，因而練力也就是練氣、血。

通臂拳家最高的功法叫原砓砂掌。砓砂實指血。

力有局部力（關節力）和整體力（腰背力）之分。局部關節參加發力的肌群只限一個或幾個部分的關節活動，整體腰背力則幾乎是全身各關節肌群都參加發力活動。通背就是指此。

通臂力是由意念統率氣血、肢體、高度統一、高度協調一致下形成的一股能量流———意念一動百脈皆應。因此這種力也可稱為意念力。

通臂力異於尋常之力，其力大於普通力的幾十倍，其速度也快如閃電。「拳如流星」是一個生動的比喻。其硬度能斷木切玉，並且可以以發出之力吸起被擊物體。

通臂力雖如此神奇，但其鍛鍊方法並不神秘，也不複雜，主要就是順乎自然，和其他的勁法一樣，只是在肢體活動上各不相同。

所謂順乎自然，就是照活動的自然規律進行鍛鍊。無論是精神、體態、呼吸、動作，都應在自然而不矯揉造作的情況下進行。

1. 姿 勢

姿勢很簡單，不拿架子，隨便，兩足落實開立，與肩同寬，兩手自然下垂，頭有上頂之意，肩要鬆，肩為臂根節。塌腰，斂臀提肛，各關節要鬆，不要撅臀，保持脊柱自然豎直。

2. 呼吸自然通暢

慢動作應與呼吸相應，以配合開呼合吸；快動作無論動作多快、多頻繁，應以不影響呼吸的勻穩為合適。不屏氣更不能憋氣。

3. 動作自然

不論是快是慢，是上下揮動，前後屈伸，左右捶擺，反正旋擰，都不能加以強力，任自然揮舞，但要求力達梢節。

4. 意　念

意是主帥，統管全軍，這在心法上已有所闡述，在這裏根據練功需求再強調一下。在練功中，帥不能離位，應起調解作用，時時體察功法動作是否正確得當，各部分之間是否協調一致；氣血是否暢通無阻，力點要通過全身趨於一點。意在這裏應起到對全身內外、上下左右、前後調節和調動作用，使形神趨於一致，力集中於一點。

5. 動　作

通臂拳練功動作也不複雜，在操作中無論是揮臂、伸臂繞環、擺動，完全要靠自身的重力或自然的慣性向外摜出，意識決不加以強力，呼吸要絕對自然。但動作是練功各方面的具體表現，這就要求各個方面都要與動作保持一致，都為動作服務。拳術中講的形神合一、協調一致以及六合等等，都是為了同一目的。

具體講，就是內外、上下、前後、左右、自身四肢百骸，都要起同起，落同落，一動無有不動。上肢動，下肢必活，拳向對手，腳向後蹬，左臂上舉，右臂下沉，左拳前沖，右拳後掛，上體旋左，下體旋右，以上翻下，以下翻上，相輔相成，融會貫通，四肢百骸如一線穿通的路線，落在一個點上，並由同一點射出。

練功的動作不外三種形式：

1. 屈伸；2. 搖擺；3. 旋擰。

三種形式又形成了三種軌跡：

1. 直線；2. 曲線；3. 螺旋。

手臂之運動，係三種形式相互結合，組成各種力度。

總的來說，練功不外三盤力。手處於頭部位置的向

前、左、右、下，向各個方向揮動發力稱「上盤」。手處於胸部位置的向前、左、右、上、下，向各個方向屈伸發力，稱「中盤」。手處於腹部位置的向前、左、右、上，向各方向的擺動發力稱「下盤」。

發力的形狀：一抖、二甩、三彈、四撑、五按、六攪、七攃、八撒、九顫。

得功秘訣：一個字——「漸」。循序漸進，積漸為功，功到自然成。

高超的功夫是由一點一滴積累起來的。一個動作往往是由幾次漸增至幾百次甚至幾千次，反覆刺激，反覆強化，由生到熟，由熟而巧，久久神生。諺語云：「要得驚人氣，需下苦工夫。」

這種逐漸得來的功夫，經久不衰，即使放下三五年，稍事活動，仍能恢復原狀。上勁快的功夫，懈勁也快。功夫一停，力也就隨之消失。練功不能圖快。

通臂功又叫千日功，練出初步功夫，大約得 3 年時間。發力功屬基礎功，其內涵不包括技巧武術，因而不叫打拳，只能叫練功夫。

發力功佔用的空間（地盤）也很有限，有 5 尺見方的地盤就足矣。

練功的時間。古人練功強調三五更，就是夜裏 1～5 時。還有夏練三伏、冬練三九之說。這是否合乎科學尚待研究。

第三節　通臂拳普通練力的幾種方法

一、鐵牛耕地

鐵牛耕地與現代體育中的俯臥撐很相似，是鍛鍊臂力的。但通臂之力是射出、甩出、抖出來的，直出如射箭，揮動如抽鞭。但鐵牛耕地這種力，暫時還達不到通臂之力。這裏是為了歷史的繼承，把它記錄下來，以便對通臂拳作全面的研究。

俯臥，兩手扶地，兩腳掌撐地，屈肘，身體向上、向下、向前、向後擺動。

俯地至胸部觸地，再向上探至頭仰起。

腹肌觸地，然後身向前後滑行，先起臀部，最後直臂將全身撐起。

由全掌開始，逐步過渡到五指———四指———三指———二指———一指止。

二、馬步撐拳

馬步撐就是站成騎馬勢鍛鍊，動作相同。

三、鷹爪力

鷹爪力同馬步撐，惟出後拳，指張開，並以腕為軸，向外繞一小圓弧，收緊五指，抓後仍為拳，然後循路收回。如此左右交替進行。

四、抓壇功

也叫鷹爪功。用一個小口大壇子，以騎馬勢的姿勢平抓壇口，上提至胸，在胸前往返畫平圓。先以空壇子練，熟練後，每天向壇子裏加一定數量的銅錢，至壇滿則功成。此功到清末已無人練了。

五、經腕功

此係二人對練。甲、乙雙方均馬步對面站立。甲伸出一臂俯掌或拳；乙以四指扣住甲腕（拇指貼在食指旁）；甲轉動往懷裏拽，邊拽邊以掌撥乙腕，使乙腕被擰失力。然後，乙用甲的方法破甲。

以上除馬步撐外，其他功夫不是通臂拳的功夫，是由別的拳種串過來的。

通臂拳練力的功法不外以下幾種：

1. 悠胳膊。
2. 拽胳膊。
3. 五龍盤打。
4. 原地蹲起。

這樣練出的勁是活勁，不僵不死。是全身勁、抽鞭勁，這樣肌肉、關節才能柔，柔則活，活而生變（變即是快），這樣爆發力大，速度快。

第五章
通臂二十四勢綜述

通臂二十四勢，是由二十四個單打姿勢所組成的，每一勢又有好幾種不同打法。現分述之。

演示者：郭鐵良

一、撐

撐也叫撐捶，是二十四勢的第一勢。撐的意思有三：1. 支撐；2. 張開；3. 漲開。

撐的動作是：以肩和肘關節為軸，由屈而伸，沿直線向前推進，趨向目標。當與目標撞擊、接觸後，如果目標未被擊離拳面，撐力並不停止。這就是古人所說的「撐拳打出著點後還可以打擊五尺遠」的意思。

撐力是垂直於目標的力，「立頂千斤」，所以其攻擊力最強。其力點在拳面，其根在後腳跟上。

撐發拳向前推進的同時，手臂向裏旋擰，拳由陽拳變為陰拳，走的是螺旋路線，這樣打出去的拳，既有豎勁，又有橫勁，是防中有攻、攻中有防的動作。它的向前推進衝撞和穿透力較強。

由於撐是手臂旋擰向前推進，路線是曲中求直，如槍法之殺戳，古人云「撐又是無極大槍」，就是這個道理。

撐的螺旋線路，可隨應用向外擴展成圓，而圓可大可小，可指向任何方向，可左，可右，可上，可下，可隨目標之移動跟蹤追擊，所以「撐為諸勢之母、諸勢復歸於撐」。與跟蹤追擊相反的作用是「以靜待動」，以我為中心，身在拳後，拳始終指向垂直之目標。以我之微動（逸）對敵之大動（勞），是彼忙我靜待的戰術。

1. 拗步撐

原地旋身，出後拳向裏旋臂撐出；同時前拳外旋，以掛回收，形成斜身拗步（圖5-1、圖5-2、圖5-3）。

此勢用於左晃右打或右晃左打。其出拳的順序是「離、撐、扣、打」四個字，即拳離身體、撐腳旋腰、臂內旋、陽拳變陰拳、拳擊到目標。

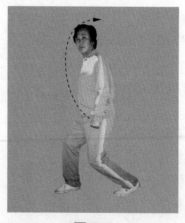

圖5-1　　　　　　　　　　圖5-2

圖 5-3

2. 順步撐

　　氣勢要剛健勇猛，要有衝垮一切的氣概。前手虛晃，以擾對方眼神。順步撐要左臂和左腿同一方向，或右腿右臂在前。

　　順步撐姿勢要低，行動中要保持同一高度和水平前進，不能有起伏現象。

　　收回手即向後掛拳有兩種練法，一是挽小花，向後收，高與眼齊，俗稱「抹眼淚」。二是挽大花，向回收，高度過頂，俗稱「挽辮子」。其共同點是收回之拳要用力向後扯帶。

3. 連環撐

　　先打出拗步撐，然後擰身上步發順步撐。為此一拗一順，隨即轉身向後也叫拗後順。如此前後翻轉，交替練習。

連環撐在實用上很重要，就是左右開弓，連續進擊法。

二、崩（崩拳）

崩從兩拳（掌）中出，是一種以下翻上的「彈力」。凡陽拳（掌）可作為崩拳的蓄勢，用以還擊從外側方突襲而來的攻勢。如對方用直拳擊來，我用拳背以下翻上截擊對方手臂。其步法可用蟹形步進行（圖5-4）。

圖5-4

三、提（提拳）

提是由下向上提物，它與崩正好相對。崩是由下向上外旋，提是由下向上內旋。崩後之勢轉向下方，提後之勢轉向後方上。提又是向下動作的蓄勢。因此，提常與屈於下的趨勢配合來用。提的力點在手背———肘———前臂外側。

提有提掛一法，是指前手由下向上後方掛的動作（圖5-5）。

四、掛（掛拳）

掛的力點在拳面指側和前臂尺骨側，作用主要在髖

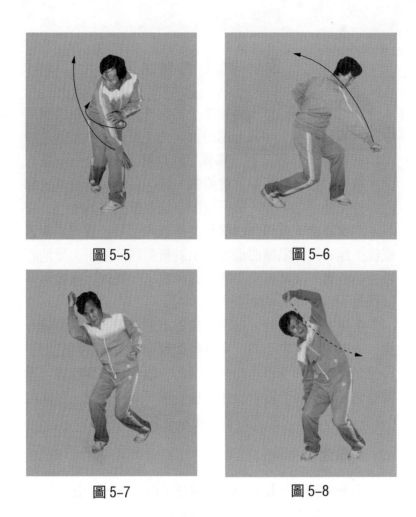

圖 5-5　　　　　　　　　圖 5-6

圖 5-7　　　　　　　　　圖 5-8

間，方向路線是由下中向上攉挑，並屈髖翹拳向後掛（扯帶）（圖5-6）。

另一掛法、右手用力向側後扯帶（圖5-7）。

還有一種掛法是拳（掌）由上向下後方用力扯帶（圖5-8）。

五、斬（斬拳）

斬的力點在前臂尺側和拳小指的外沿。斬在格鬥應用中的範圍相當廣泛，甚至超過撐。力主要在拳小指側而妙用卻在臂。一般情況下，其著力點是對方上盤———頭、肩、胸，但也可以打擊下盤的腿、膝，甚至腳。可以攻擊對方伸在外面的手臂，還可以配合腿攻擊對方的重心。輕可以點到為止，或作為試探性之佯攻和引手，重可以斬其破綻，作為衝鋒陷陣的重拳。由於斬勢居高臨下，受地心吸力之影響，又具有向下的加速和重力，所以，常被用作試探對手的手臂功夫深淺程度的手段。

在雙方接上手時，以手臂撞對方的手臂，就是輕輕一撞，一般人也會吃不消，半身疼痛難忍，失卻戰鬥能力。即便是練過鐵沙掌外功功夫，經此一撞也會感到吃重，承受勉強。如果對方能承受住這種打擊，毫不介意，那就說明在勁力方面雙方旗鼓相當，遇到了真正的對手。

1. 原地斬

① 兩腳開立，比肩稍寬，屈膝下蹲，氣沉丹田。

② 兩手握拳提至鬢角旁，身稍向右轉。

③ 身體向左擰轉180°。

④ 左拳向左後用力扯帶，同時右拳向前下斬擊。以肩肘關節為軸，甩擊後，小指外沿領先，拳眼向上（圖5-9、圖5-10）。

2. 行步斬

右腳向前邁出一大步，超過左腳，左腳隨即跟半步；左拳由鬢角側向前下方斬擊，拳的小指外沿領先，拳眼向上，目視左拳（圖5-11、圖5-12）。

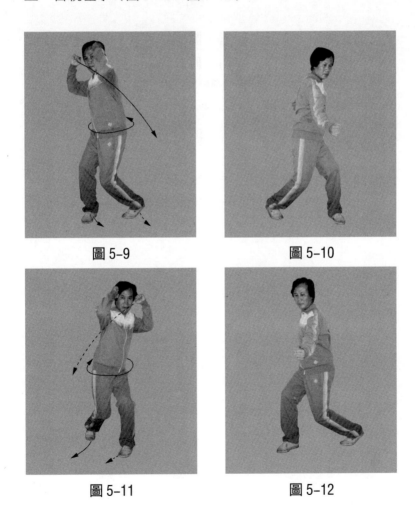

圖 5-9

圖 5-10

圖 5-11

圖 5-12

注意：

拳斬出時，後腿基本挺直，腳尖向裏擰扣，腳後跟微提。

六、攔（攔掌）

攔是攔開、攔截、攔擋、攔住的意思。攔是雙掌由體中線向兩側橫平掃出。其動作形似游泳向兩旁分水，也叫分掌或開拳。攔掌一般配合蟹步，步隨掌時左時右，左右扦腕向側外橫擊（圖5-13、圖5-14）。

這個姿勢大開大合，又叫「拉大架」或「四平大架」。

攔的應用。雙掌以同樣的動作左防右攻或右防左攻，一手攔開障礙一手橫擊。也可以一手攔擊對方，另一手屈臂向後扯滯。

圖5-13

圖5-14

攔也可看成是斬的橫向平側外擊。

至於攔橫之區分：橫反手為攔。

正面上步打攔，這是一種攔的實戰用法。

動作說明：

我以右撐拳為誘餌，對方見對面來拳，必用手護胸，或摸我拳、準備進招。此時，我右臂猛然回收（屈臂），同時提膝上右步，腳向對方襠中插，隨勢右臂催動右手，用右掌小指外沿撐擊對方咽喉或對方胸、腹（圖 5-15、圖 5-16、圖 5-17）。

圖 5-15

圖 5-16

圖 5-17

七、橫（橫拳）

橫是橫平擊出，以前臂之尺側向裏側橫擊，可以看做是「斬」的側裏橫擊。它和攔是一反一正。攔手為陰，橫手為陽，橫的前後手發拳方向一致。攔的著力點是掛肋，橫的著力點是胸。攔和橫的操作，一個向裏橫掃，一個向外橫掃。但在應用上必須「橫中取直」，就是說，橫含向前的挫勁，手臂從後向正前方擊出。橫和攔的動作，好像掃地一樣，是扇面狀的弧形。

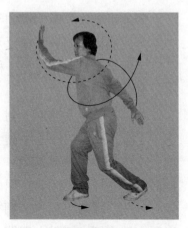

圖 5-18

前橫：

橫在應用中有前橫，下面說的就是前橫。兩腳開立，上體向右轉 90°，再向左擰轉 180°；同時，右臂

圖 5-19

由後經右向左前方橫擊，與此同時，左臂用力向後扯帶（圖 5-18、圖 5-19）。

後橫：

上體向左轉體 90°，右臂平舉，手心向裏，拇指朝上，

體向左擰轉 180°；同時，右臂經體前向左方橫掃，目隨視右臂，力點在右臂處尺側（圖 5-20、圖 5-21）。

除此，橫還有抹橫、磨橫等。

圖 5-20

八、卡

卡從字義上講是把一件東西限制在當中，使它不能活動的意思。通臂拳中的卡就因具有這種功能而命名。在實用上，用卡的目標不在於對方的胸、腹、頭、面，而是擊對手的突出點——手臂上，將其卡死在運動的過程中，這就是「牽其一髮而動其全身」。

卡發手時雙手齊發，以雙對單或左右合擊，或上下剪砸，可逆來勢前進，或上

圖 5-21

手為防，下手為攻。卡雖以防為主，但必要時，在對手來手被降服的情況下也可以用拿，拿住對方鉗制之手臂，前後推拽杵動，使其失控。

卡的動作主要為擊步卡。

圖 5-22

圖 5-23

雙臂交叉或雙拳一前一後，如張開之剪刀（圖 5-22、圖 5-23、圖 5-24）。

九、劈（劈掌）

圖 5-24

劈類似斬，又像攔。三者的區別在於，斬多為拳，是以肩、肘為軸的屈伸動作完成；而劈多為掌，以肩、肘為軸的上下擺動或繞立圓完成；攔是橫向掃切；劈是豎向掄砍。

劈有「一字劈」「獻肘劈」「三字劈」。「獻肘劈」，如側立，左臂外旋上舉，右臂附於左臂上，劈下同時要上步，右臂回拉，左臂向前下劈下，劈下時，小指外

沿或前臂尺骨側為力點（圖 5-25、圖 5-26）。

十、搠（搠掌）

搠與攔相近，力點均在掌小指或尺骨側（圖 5-27、圖
5-28）。

圖 5-25

圖 5-26

圖 5-27

圖 5-28

圖 5-29

圖 5-30

十一、炮

　　拳邊外旋，邊向前方沖擊。

　　此拳勢的用法是：對方打來直拳，或對方用手抓我胸襟成腰帶，我抱拳，用肘戳擊對方臂部，身形隨勢下潛，對手手臂被戳必縮手後撤，我隨勢上步，向前上沖擊，目標是胸、腹、額。勢成，拳心向裏，單雙手均可（圖 5-29、圖 5-30）。

十二、挑

　　挑是由下方向上方弧形挑動，形如挑物，其力點根據情況不同而不同，有時在拳面，有時在拇指側，有時在前臂（前臂尺側）。

圖 5-31　　　　　　　　　　圖 5-32

挑的要點是，拳的拇指向上，翹腕。有經驗的人，挑擊力點在對方前臂腕內脈門。這是一個致命的穴，胸、腹也可以（圖 5-31、圖 5-32）。

十三、撣

撣是屈臂回收至自己胸前，肩、肘、腕、指各部關節要放鬆。然後右手向前撣（彈）擊對方，是用甩擊冷彈勁甩擊對方。李小龍截拳道中有此勢。五行通臂中，撒也與此勢相同。

撣的動作說明：含胸拔背，氣沉丹田，各部關節應儘量放鬆。擊出時要快，右手猛向對手撣擊，後收回原勢。勁由後腳跟上，運用全身之力向前抖擊。利用寸勁甩擊對方，以對方臉部為擊著點。有功夫的人，用此勢可把對手抖擊倒地（圖 5-33、圖 5-34）。

圖 5-33　　　　　　　　　圖 5-34

十四、鞠（鞠躬架）

鞠叫鞠躬架子，是古代禮節的動作，一般叫做作揖，文詞叫稽首。它也是古代武術界表演或比賽的上場禮節。在武術中，如果只為禮節，有的也叫「請拳」。但通臂拳這個勢法不只是用的禮節，而是一種主要招法。

鞠的動作是雙拳合抱一起，上抬於胸或高抬過頂。動作可高手下砸，也可左右扭或向前沖。傳統練法中有鞠躬八打，是由八個動作組成的（圖 5-35）。

雙拳高舉過頂，雙弓步站立、上左步，左拳用力向前下砸劈。同時，右拳由頭上向胸後用力扯帶（圖 5-36）。

十五、拽（甩）

拽是由側外向側內的橫擺動作，很像投擲鐵餅。拳的

圖 5-35

圖 5-36

圖 5-37

圖 5-38

力點在拳面，也可在拳眼。近距離可用前臂橈側捧人。它的定勢為陰拳。

　　右手在對手眼前或頭上晃掛，左拳打拽，但臂要微屈（圖 5-37、圖 5-38）。

圖 5-39

圖 5-40

拽根據擊著點不同，分上拽、下拽和蓋拽等。此為上拽動作（圖5-39、圖5-40）。

十六、掃

如果我用疾步勾子踢擊對方，但踢空了，或對方向後逃離，我可以續用此勢。即右腳踢空後向前落步，左

圖 5-41

腳向右腳後偷步（也叫按倒叉步），然後用右腳跟和小腿向後掃擊對方；同時右臂由後向前橫擊（圖5-41、圖5-42、圖5-43）。

圖 5-42

圖 5-43

圖 5-44

圖 5-45

十七、點（翻點鴛鴦腳）

翻點鴛鴦腳是用腳尖點戳對方。我側立。

上右步，腳尖內扣，向左轉身180°，下潛屈蹲，提腿，上體前俯，用腳尖向後方戳擊（圖 5-44、圖 5-45、圖 5-46、圖 5-47）。

圖 5-46

圖 5-47

圖 5-48

圖 5-49

十八、挒

　　我側立，右撐，誘使對方來襲我胸。挒是將物體由上向下或由前向後捯的意思。在二十四勢中（最具實戰威力

圖 5-50

圖 5-51

的）「斜行虎」即是将（圖 5-48、圖 5-49、圖 5-50、圖 5-51）。

十九、暗下取火

圖 5-52

古譜的「通臂歌」中有「暗下取火鬼神驚」一語。

暗是暗中，向下潛身，取火是舉火，是挑膛，故也稱「暗下舉火」。

我側立，右臂向前下砸劈，成歇步，左腳尖外展，保持平穩；左手回收後向上仰起；然後上右步挑擊對方襠、腹，即成順步挑勢。挑擊時除上步外，還要挺胸，左臂隨勢下壓，以增加挑擊力度（圖 5-52、圖 5-53、圖 5-54）。

圖 5-53　　　　　　　　圖 5-54

二十、疾步勾子

　　《中國拳種與拳法》（上海教育出版社）上說：「滄州通臂拳，講究疾步勾子縱步斬，其代表人物是劉玉春和郭長生，人稱郭燕子。」由此可以看出，疾步勾子是通臂拳的主要招法之一。

　　雙腳用力點地，使身體躍起騰空，左腳落地支撐，右腳勾踢；隨右腳向前勾踢，右臂向右甩擊（圖 5-55、圖 5-56、圖 5-57）。

二十一、掖（掖捶）

　　掖和捅的動作相仿，勢法由上向下，掖下時注意拳向裏擰，走螺旋勁。

圖 5-55

圖 5-56

圖 5-57

圖 5-58

上左步，右步跟進半步。右拳提至胯側（圖 5-58）；右拳內旋，向前下戳擊勢成拳眼向下，成跪步（圖 5-59、圖 5-60）。

在實用上，掖可進步變挑，擰身變提。

圖 5-59

圖 5-60

二十二、攬地龍

圖 5-61

攬地龍是破腿的主要方法。其步是偷步行進，攬上腿後，後腿向前變成蓋步（圖 5-61、圖 5-62、圖 5-63、圖 5-64、圖 5-65）。

前臂微屈，朝前畫圓，後臂也配合畫圓。

攬地龍走起場來，很像龍行，故名攬地龍。解析攬地龍的技術結構，其內藏著極其豐富的巧妙招法，且富於變化，為二十四勢中一個主要招法。

攬地龍在向前攬動時，如果左手攬上對方的腿或腳，

圖 5-62

圖 5-63

圖 5-64

圖 5-65

右臂由後向前扭身出擊時，可以發出撐、斬、炮、崩、
拽、戳擊對方腹、襠，同時也可抬起右腿撞擊對方站立之
腿。這個破腿的先進動作在戚繼光《紀效新書》中也有，
叫「巧地龍」。這是難度很大的動作，一般通臂拳練習

者，非單傳之人老師是不易傳的。

昔曹晏海 20 世紀 30 年代在上海打了第一名以後回到國術館，高興地把腿抬起來對著其大哥郭長生晃著玩，嘴裏說：「大哥，我看你還有別的辦法嗎？」郭長生就是用攪地龍，把得意洋洋的曹晏海打了個仰面朝天，摔出一丈開外。

攪地龍是一個低姿勢，肢體的活動是且搖且擺，蜿蜒曲折地前進。

二十三、肘

「肘」是以肘為攻擊、防守的動作，肘法是短打近擊法，常用在「以靜待動」的戰術中。肘的招法常與其他招法配合應用。

盤肘勢的練功法：手臂圍身盤旋，勢成，互抱於胸

圖 5-66

圖 5-67

圖 5-68

圖 5-69

圖 5-70

前。應用上，必須逼迫近敵前或敵逼入體前時適用此功
法。肘功必須嫻熟，動作敏捷，心肘相應（圖5-66、圖5-
67、圖5-68、圖5-69、圖5-70）。

　　手是肘的延長，而肘也是手的延伸。

圖 5-71

圖 5-72

二十四、撩

　　撩是以肩為軸，由下向上、向前撩擊，可正掌，亦可反掌。撩掌一般為順步，也有跨步撩。臂微屈，用掌根去撩擊對方的下部，故被稱為「撩陰掌」或「下把撩陰」。

　　正掌擺動幅度大，高可與頭平，反掌幅度小，高不過腹。有時腳步不動，抖掌而擊。大動作的撩必須順步，這樣才能放長擊遠。

　　上體側身，腿微屈，右腳向前邁一步，後腳跟進一步；同時，右掌向前上方撩擊；左手向後扯帶，以增加撩掌力度（圖 5-71、圖 5-72）。

第六章
通臂拳實戰技法

第一節 訓練方法

通臂拳的實戰訓練還是有普傳與單傳之別。普傳的叫「短打」，單傳的叫「打手」。「短打」與「打手」都是總名。

一、通臂拳的短打類型

「短打」分四個階段來練習。這四個階段是：「上短打」「軟短打」（軟八手）、「硬短打」（硬八手）、「夢短打」。

普傳除四種短打外，尚有「小行李」，又名「六九頭」「搬打」「晃嘴巴」以及折二十四手「十聯腿」等。「走門子」也應算做實戰練習。

「短打」中的前三段（「上短打」「軟短打」「硬短打」）的攻防動作都是預先設計的，形同簡單的對練。只有「夢短打」才不受設計的限制，屬自由搏擊。

短打中的攻防動作（招法）只八下。它們的名稱和順序是：1.「上打」、2.「下打」、3.「中打」、4.「單摑」、5.「雙摑」、6.「左打右打」、7.「撩掖」、8.「萬拳」。

短打八下，是八種進攻招法，「上打」是「斬」，也可用「撩或劈」；「下打」為「拽」，也可用「掖」或「撐」；「中打」為「撐」；「單摑」為「橫」，也可用「斬」；「雙摑」為「連環橫」；「左打右打」為「連環撐」或用「甩」；「撩掖」也可用「撩斬」；「萬拳」又叫「撼搖捶」「連環肘」，此招屬組合動作。

「短打」的進攻方法，主要攻側裏───圈裏───中線。上、中、下三打和單摑，在運動中雙方位置發生變化時，取側外，雙摑係左打右打的第一下被破後的第二下。撩掖式是上下齊進的攻法，已經帶有腿攻法，但其主要是培養守方在交戰中身受這種攻擊中的破解和反擊的方法，可以不把它看成是進攻。如果要攻，也必須在構成進攻的條件後才可進攻。萬拳也是走側裏變攻側外，這是招裏變招，不同於左右連環變招，是不換手的變招。

短打破解法：

短打的破解，也是八下。但歸納起來只有三種，一種是「左封右打、右封左打」，八下裏有六下是這種破解法；一種是閃開還擊法，或是用腿破解法；一種是隨來勢的變招而變化。至於還擊的招法，就是一個點到為止的推（實為撐）。

短打的攻防設計是「以靜待動」的陣地戰，主要是培養防守和還擊能力的。特別是上短打，主攻，實際上是給

被攻方餵招———陪練。

　　短打，簡而短的八下，看來很簡單，但其內容有很強的技術性。以第一招「上打」為例，「上打」就是「斬」，也可是「撐」或「炮」，只此一下，如能用到神化了，被攻方是很難逃脫過去的。這就是拳諺所說的「不招不架，只打一下」。這一下不是一次完成的一下，而是變化了的一下，也可說這一下是無形無相的一下。可謂「無形無相」是「神龍見首不見尾」、善於變化的緣故。

　　當年劉玉春老前輩就憑一下「上打」，一生從來沒遇到過對手，戰勝了武林中許多好手。當時人稱其「鐵胳膊劉三」。劉師之臂堅硬有力是一方面，主要是他掌握了在發手過程中雙方之間相互的變化，能以己之變而知彼之變，而且「上打」的原型不曾變———取勝還是那個「上打」，這就叫變於無形謂之神。

　　「上短打」又叫「披短打」。

　　「上短打」是訓練實戰的，在戰術結構上設計得很簡單，一攻一防為一次，不連貫，也無複雜的技術和動作。「上短打」主要是訓練攻手（守方）的防禦和還擊能力，主攻手是陪練。因此主攻手的進攻，只在著力點不同的位置上下左右中攻打，不存在明顯變化。

　　「軟短打」又叫「軟八手」。「軟短打」有連續性，攻防是相互的，守方破解還擊，也有被破解還擊的可能。攻防環環入扣，而且糅進了身腰內展法，這有點兒像對打套子，但又有區別。不同之處在於，軟短打雖是預先設計的，但無花招。在攻防變換招法上完全是根據對方露出的空檔進行還擊，根據對方攻勢的線路進行化解。由此可以

鍛鍊「認空」（找戰機）的能力和化解險情反敗為勝的技巧。

軟短打雙方演練起來有點像太極拳推手，其用力技巧也有些相似，但有合有離，這比較合乎實戰的要求。這一點又高於「太極拳推手」。

軟短打的攻打程度還是取「點到為止」的原則。即使接不住來招，也只是被推出失勢（放人）。

「硬短打」又名「硬八手」。

「硬短打」是在「軟短打」的基礎上，在攻防上更接近實戰。據說硬八手超出了「點到為止」，而是打必見倒。

短打中的「夢短打」才正式進入實戰實踐。它已經拆掉了預先設計的固定框架，打亂了順序，自由自在地根據情況任意發出任何招法。但據說在攻防上仍按「八手」的攻防法為法則。

短打的訓練程式雖然是按上短打的程式進行，但大多是在「上短打」熟練後，直接進入「夢短打」。這是因為「軟短打」和「硬短打」一向被獲藝者所珍藏，輕易不傳於人。因此，會這兩種短打的人很少，有很多人甚至不知其名。

軟、硬兩打是短打中的內核，是近戰中的精華，只有掌握了軟、硬兩打的要領，才能把近戰中的虛實、連斷、剛柔運用自如。未經過軟、硬兩打的訓練，在技術上還停留在「實打實」「單打一」、少變化、少沾連、連身法少閃展騰挪的狀態中。可惜普傳中軟、硬兩打很不普遍，知者鳳毛麟角。

二、古譜中的短打勢歌

上打咽喉下打球，上打崩進下又進。
不高不低打心頭，下撐定臂往裏進。
橫捶一舉避雙摑，大劈門能破中打。
娥眉一皴併雙捶，嗑打不住進單摑。
進步撩掖打大腿，鞠躬定肘進雙摑。
左打右打在暗中，倒步勾子破撩掖。
定臂進左打右打，轉環肘進出油捶。
思緩攬腿進撩掖，裏封外撥進油捶。

　　從這首歌的結構看，上句是進攻的動作，應當是破解還擊的動作。可是這歌的詞句本是上句的放到了下句，本是下句的卻放在了上句。這顯然是當初此歌無文字記載，只憑口傳心授，時間一長便記不清了。在這樣的情況下，就出現了顛倒的現象。

　　現在將這首歌以進攻為一組，以破解為另一組調整一下，同時對其中模糊與不雅的詞句略加改正。

《攻勢八法》

上打咽喉（天靈）下小腹，不高不低打心（胸）頭。
橫捶一舉單摑子，連環橫捶雙摑子。
左打右打連環打，進步撩掖擊大腿。
轉環肘來撼油捶，又名萬拳打鼻梁。

《破法八招》

> 上用崩進下又進，下用下撐臂先行。
> 大劈門能進中打，抹眉一舉進單摑。
> 鞠躬定肘進雙摑，磕打不住破雙捶。
> 倒步勾子破撩掖，裏封外撥破搖捶。

「磕打不住」是連環攻防招法，它能破連環攻法。古譜中的「娥眉一皺」，試譯為「抹眉一舉」（掃），抹眉是「掛」的另一名稱，即是掛拳。近代又叫「抹眼淚」或「挽辮子」。

從古譜中歌詞的發手和破解的名稱分析，古代的短打訓練要比近代複雜和嚴格。近代破解攻勢的招法，基本上是封閉用「掛」，還擊用推。而古譜破上用「崩進」。破下打用「下撐定臂」，破中打用「大劈門」，破單摑用「抹眉」，破雙摑用「鞠躬定肘」。破左打右打用「磕打不住」。

從另一方面分析，此歌有可能是軟、硬兩打的歌。破撩掖招法有二，一為倒步勾子，一為思緩抬腿。在一起短打，破撩掖招法都是用抬腿，而用倒步勾子的卻很少見。此外，還有模糊不清的地方如「橫捶一舉避雙摑」「鞠躬定肘進雙摑」，以及「思緩」一詞究竟是何意，現在已令人破費思量了。

但是，短打僅僅是實戰入門的階梯，在設計中仍存在著不少的缺點。

1.有上沒下，步欠靈活，站立死板滯重。

2. 一撇撇，發手只用後手重拳———右拳。左撇子得不到鍛鍊。

3. 只實不虛，沒有假動作，不善於利用前手。

改進辦法：

1. 死步改成活步，雙方把腳步活動起來，在互相尋找戰機的情況下發動進攻。

2. 攻方有意識地發左拳。

3. 八下分成八組，一組一組地重複練，不練至純熟了，不進行第二組。如此八組全練熟了，再串在一起練。

4. 逐漸增加進攻的難度。先掄臂敞肩打，無效誤時，可改為合肩，從中線出直拳，然後增加先行後打———先虛後實。

5. 第八招萬拳，按萬拳當初設計是招變招：直擊變擺擊，炮變拽或橫。但傳統練法的這個變招很不明顯，在直拳被阻時會被動地隨對方的纏繞而被撥開，已看不到變招的影子。這一招攻方應主動地變，才能培養守方應變的能力。為了今後適應拳擊的攻法，萬拳最好將直拳改成勾拳。

短打主要是培養防守還擊能力的。改進的短打，應當攻防並重，雙管齊下。在防守技術熟練後，更應鍛鍊進攻技術。要鍛鍊出每發一拳，對方都無法破解。並且，要鍛鍊近距離攻、遠距離攻、跑著打、佯攻、聲東擊西、晃上取下，這樣雖然有預先設計，卻無不囿於有框框的設計。因為守方雖然知道對方是用何招進攻，但不知道何時進攻，在什麼情況下進攻。這樣給撒手打下良好基礎，會和

單傳「打手」銜接在一起。

要特別著重培養對拳擊招法的防禦能力。在當今世界拳壇上，使用拳頭的交鋒基本上都是「拳擊」招數，拳擊型的戰術已稱霸世界。中國的武術不能隨著拳擊，否則很難揚眉吐氣。這也是通臂拳的目標，也應當是各門源、各拳種的奮鬥目標。練中必須以「拳擊」作為活靶子，根據拳擊招法的特點設計破解的招法。

三、短打以外的幾種訓練方法

1. 搬　打

搬打已失傳。在譜上只載有搬打勢歌兩句，而且無內容。歌詞是：

搬打進勢拳腳狠；手眼身法步裹門。有人學會搬打勢；打遍天下不容人。

2. 晃嘴巴

晃嘴巴是鍛鍊眼力的功夫，也有手臂的攻防。此法很簡單。雙方對面，或站或坐都可以。雙方互相以手晃對方的眼睛，並尋機攻打對方的嘴巴，以此鍛鍊手疾眼快，不眨眼。這個方法對實戰用眼很有實用價值。但因此方法簡單，多不被人重視，以致年久失傳，久已無人練習。然而此法卻被「打快撇子」的拾擊作為練打人的方法。據說昔日打快撇子的都練此法（「打快撇子」是舊社會好打架鬥毆的人，有的就是流氓，但不練武術）。

「晃嘴巴」一招，譜上沒有，只聽老前輩們說過。

3. 十聯腿

據說這是專鍛鍊腿法的戰術，而現存的歌中也只有七腿。

頭腿踢瘸千里馬，二腿做破下連環；

三腿撞破護心鏡，四腿張公大騙擊；

五腿踢破雙翹花，六腿打破風翹花，

七腿快腳打下馬。

歌中所說的頭腿是彈腿；二腿是陰陽腿；三腿是撞（床）腿；四腿是擺連腿；五腿是「裏樁腿」「外樁腿」；六腿是提掛腿；七腿是「掃膛腿」八、九、十三腿已不知是何腿。

4. 走門子

走門子是古代「插拳過步」（友誼比賽）的雙方入場的禮節。既然是比賽就已經是實戰了，況且雖說是禮節，內容卻已經蘊含了很強的戰術內容。

《走門子歌》

雙手鞠躬拗步撐，順步撐，雞步卡，盤肘，仙人指路，單手避，前劈，雙捋、吊劈，單絞、崩、滾肘、磨甩。

這一段說是歌，實際上是一個套路的順序。比賽上場後，賓主在賽場兩端。雙方開始，先按著走門之順序相互穿插，演練後再開始交手。這裏邊還有重要的一環，是上場前雙方先議好在什麼情況下開始進攻。這是按著「走門

子」的順序從四種情況開始，四種情況的名稱是「攔門子打」「過門打」「翻門打」「截門打」。

「攔門打」是說雙方入場鞠躬致禮後，一照面就開始攻擊。「過門打」是說雙方照面後相互錯開時間開始攻擊。「翻門打」是錯開一定距離翻轉過身來開始攻擊，「截打門」是說雙方照對方的薄弱環節進攻。

這四種「門子」是同門人插拳過招的規定，對別的門派的人就沒有這種規定。走門子就是實戰訓練的指導方法，裏面蘊藏著很深的技擊奧秘。

「走門子」並不按著一定的程式、固定的戰前禮節表演，它是暗喻人們在戰場上要抓住戰機。特別是四門子，它清楚地告訴人們在什麼情況下，應當採用什麼戰術進攻。而且在各勢中，也包含了各種臨場戰術，其中有攻勢，有守勢，有周旋勢，還有正面攻、側面攻、連環攻，有長手、短手等等。所有這些，都是給戰場上準備的隨機應用的手段。那麼，為什麼前人要把自己的藝業故意表現得拙笨僵板呢？簡單地說就是保守，當然，也還有許多其他原因。從中可以看出，他們也確實是用心良苦。

5. 小行李拳

據說小行拳（又名「三九頭」）是與短打相似的雙人練習。「行拳」在過去又名「行拳過招」，只用於「六九頭」。可是八極拳裏也有「六肘頭」一名，兩者是否一樣，目前還不清楚。

《小行李歌》

「六九頭，練手眼。打得快，接得急，式連發。如對

敵，打不倒，用不得。快打遲，準打亂，快又準，能勝敵。下決心，常練習，功到成，藝精奇。」

這個歌訣倒很有技擊內容，言簡意賅，朗朗上口，可以稱得上拳術歌訣中的上品，看起來這套東西一定錯不了。

小行李也不在譜，是口頭傳的。

6. 拆二十四手

拆二十四手，拳譜只有這個名稱，其他未述。

四、上短打的練法

二人一為攻方，一為守方（防同時進擊）。攻方進攻後被破連環擊後不做防守還擊，攻與防只是一次。守方被攻的方法，破用「掛」，還擊用推或掖，破撩掖用四環招腿或倒步勾子，破萬拳用轉環掌。

攻方在進攻的同時，應將用招的名稱告訴守方注意，如用「上打」時即報出「上打」。

雙方都斜側身站立，距離以上一步能擊中對方身形為好的「丁八步」。左前右後，膝微屈或自然站立，目平視，雙拳抱於胸前或自然下垂。

攻方開始進攻，喊「上打」，同時，上右步、跟左步，舉右臂、發右拳，以拳小指側擊向對方頭、面部。守方急擰腰向左轉身，上右步，同時，以左肩左掌向外掛出敵臂，以右掌外沿推對方胸部，或以掌面推彼小腹部。攻方被推回原位，守方還擊後也退回原位。「上打」即告一段落。

接下來就是「下打」，都以同樣方法進行。「下打」「中打」以及單摑和「上打」基本相同，只是進攻的方向、角度不同。

左打、右打的攻守動作。

攻方上右步、跟左步，同時，以右拳橫擊對方左肋。守方撐腰，向左轉身，上右步，同時，以左掌攔擊敵臂，伸右掌推向攻方。攻方被推，急向後撤一步，同時，以左拳橫擊守方右肋。守方急將推出的右掌內下翻，攔出攻方左拳，併上左步、伸左掌推擊攻方，然後向後撤一步，恢復原勢。「雙摑」攻防動作略同，只是雙摑主要攻擊面頰。

撩掖的攻防動作

「撩掖」的守方須先擺出「撐拳架」以備攻方進攻。攻方左腳上半步，向左轉身上右步，走守方的側外（走圈外），以右腳勾住守方的左腳後跟（吃腿），同時以左手封住對方前伸之左臂，以右臂向側外後方由上向斜下擊對方胸、腹。守方急鬆左腿，躲開攻方的吃腿，同時推開擊來之臂，原地不動，恢復原勢。或在攻方吃腿之際用「倒步勾子」破之。

萬拳的攻守動作

攻方上右步、出右拳，直取對方鼻部。守方伸左臂，從來勢側裏穿開來勢。攻方見攻勢被封住，急旋臂橫擊守方右肋。

守方急隨勢外旋臂，纏繞彼肘後將彼推出。二人恢復原勢後，攻、守方互換，如此交替進行練習。

五、單傳的實戰訓練

單傳的總名叫「打手」。訓練分四個階段進行，各階段的名稱是：① 散手，② 輕手，③ 重手，④ 猛手。

單傳與普傳的區別在於，雙方在攻防招勢上不是預先設計固定的，也不只是只練「八手」，雙方可以任意使用迎戰姿勢和拳腳招法進行實戰，此其一。

其二，除師父給折招、餵招外，還要由師父在諸弟子中給單傳者選一個陪練人（陪練人只是架手的活靶子，但並不知道自己只是餵招者）。單傳人可以將要實驗的招法在陪練人身上實踐，而陪練人所施用的招法都是普傳的招法。

其三，採取運動戰術，無論取攻勢或取守勢，經常處於活動狀態中，很少處於靜止狀態。

1. 散手（又叫亂手）

散手是實踐訓練的開始階段，散有「散喚」，是尚不能形成有系統的技術運用的意思，也就是攻防有些盲目性，不懂彼此間的動與靜，不會運用實與虛，不會看門路、找戰機，而且發招和還招多為一次性，對連環進攻不熟悉。

2. 輕　手

散手操練熟練了就是輕手。

輕手已經能懂得將單個的招法組成有系統的戰術。

「輕」即有控制能力、做到點到為止的意思，又有發招已達到準確、清楚無誤的「清」的意思。在此階段，臨陣應戰已經可以判斷戰場形勢，具有掌握時空的本領，可以認識戰機，可以運用真假虛實變化進行攻防。

輕手主要是在此基礎上練習內展騰挪、油打滑蹭、避實擊虛的戰術，既避開被打擊圈，同時占其死角擊其虛。這種戰術叫做「錯門」。

實戰訓練中的錯門。

錯像閃，但又不同於閃。「閃」主要是被動的防禦動作———閃躲。而錯雖有閃卻無躲，是閃而進。它既是被動防禦又是還擊，主要部分仍是主動進攻。實戰中，在對手採取重點防禦之際，驟然改變進攻方向，攻其無防禦的另一翼。如此忽左忽右地與其相交錯，使其防不勝防。錯進去就決定了勝負，輕者中的，重者倒人。

「錯」必須錯過去，就是錯到彼無防禦的位置上去。錯門戰術很不容易練成，它既要有嫻熟的技術，又要有對彼此動靜，判斷無誤的功夫。要掌握好時機和距離。要協調一致。

「錯門」如能運用嫻熟無誤，在實戰中就能夠應付裕如，不易被人所制。

但是「輕手」只屬於「放長擊遠」的運動戰，而且主攻武器主要還只限於手臂，因而輕手是搏擊的入門，卻尚未入室。

3. 重　手

這兩個階段的具體內容很模糊。據說當年王子崑已達

到了重手階段，而他傳給人們的最高層就是「錯門」。

以此推測，錯門練好了就到了重手的階段，而重手又不只是錯門，其中必然有更高而有效的技藝。根據通臂就是通身的理解，「重手」的訓練就不只是手臂的運用，還用上了腳腿作為攻防武器。通臂拳的另一個特點在於「倒人」，不是用重拳傷人，錯門就具有這種特點。所以重手雖名曰「重手」，其實重在跌人，推測重手就是跌人的動作。可以說，重手就是訓練跌人的技術。

4. 猛　手

從字面上講，猛是勇猛、兇猛、猛烈之意。重手雖含有猛的意思，但是通臂拳不強調重力創人，那麼，猛手的「猛」就不一定是勇猛之「猛」，更不是兇猛之「猛」。如果按通臂拳的八字訣「跟隨經粘，挨邦擠靠」來理解，猛手有可能就是訓練超近戰即貼身靠打戰術，以身打人。以此判斷，猛手可能是掌、拳並用。

第二節　膽　量

「膽量」是技擊的第一要素，意在戰略戰術中的運用，可以概括為兩個字「膽、略」。

膽，不是膽臟，而是膽量之意的表現。「膽」是固己而後謀人，「略」是謀略。在交手中，要先固己而後謀人。

固己，臨陣是先要把自己照顧好了，使對手無可乘之機。保存實力做到不被敵人戰勝的重要條件就是膽量。膽

量之表現為：沉著勇敢、臨危不懼、堅決果斷等等。

膽量，是在激烈的運動下，神不為動，心不跳。

遇敵的第一大忌是心虛膽怯。故拳諺說：「怯敵必敗。」怯敵即情緒緊張，大致由以下幾種原因造成。

① 初次上陣，缺乏臨陣經驗；

② 被對方的名氣或氣勢所懾服，先有怕心；

③ 對自己的技藝沒把握，對如何應戰心裏無數；

④ 自己有點虛名，顧面子，怕失敗。

由此，致使中樞神經高度緊張，表現為張惶失措，手忙腳亂，使主動肌和對抗肌不能協調一致，動作僵板，反應遲鈍，陣容動搖，破綻時出，也易暴露自己的意圖，處於被動地位。

必須克服膽怯。怎樣克服？應使神態平穩，膽子壯起來，能夠臨陣沉著，冷靜，勇敢果斷，坦然自若，應變自如。這一切都需要平時的用功，經過艱苦的鍛鍊和實踐的積累，培養出堅實的功夫和精湛的技藝。俗語說：「藝高人膽大。」拳諺說，「一功、二藝、三膽量」，都說明此理。

功愈純，藝愈精，經驗愈豐富，人的膽量也會愈來愈大，這樣才會充滿信心，沉著冷靜，積極果斷，才能把握戰機。

膽量是固己的主心骨，也是謀人的「以待敵之可勝」的堅強基礎。

略即謀略，謀略意在謀人。

知彼首先要對彼進行觀測，試用各種手段，瞭解、分析、判斷對方的動機、動態。

略的第一關是判斷。判斷正確與否，關係到戰局的成

與敗。格鬥過程先透過判斷，才能決定攻與防。在攻防格鬥中，時時離不開判斷。判斷的目的在「知彼」。能判斷才能把握戰機，「知彼知己百戰不殆」。

判斷在通臂拳中叫「動靜」。

口訣一：「動中靜，靜中動。」這是交手過程中自己要善於變化，即因情況的變化而及時變化。

口訣二：「彼靜己動，彼動己靜，彼動先動。」這是指交手過程中，透過判斷，瞭解彼之情緒、動靜意圖。決定自己是動是靜。「彼靜己動」是強攻，是以足夠的力量、最快的速度全面掌握並控制彼之動、靜，衝破其防線，使其來不及動而勝之。彼動己靜，以靜待動戰術，就是以守待攻，彼攻來時，己避其鋒芒而擊其空檔。「彼動先動」是搶攻，是己知其動，在其欲動未動之際，搶先進攻，將其欲攻之勢別住後發先至。此招法俗稱「別」或「閉」，也叫「打悶宮」。

在交手時，掌握了動靜，就掌握了主動權，就抓住了戰機。不明白動靜，或者掌握不熟練、用的不合理，就形意不調，就會失去戰機，處於被動。

動靜就是在戰場上搶時間、搶空間。明代俞大猷在《劍經》中的「剛在他力前」「柔乘他力後」「彼忙我靜待，知拍任君鬥」，就是指此。

戚繼光《拳經捷要篇》中，當也是指此。

「拍」等於節拍，「當」等於空檔。就是在發現對方空隙或者自己出現了空隙，彼此雙方都必須搶佔出現的空隙。這些空隙的出現是十分短暫的，稍縱即逝，很不容易抓到，尤其遇到技術高手，這種機會更不易獲得。高明的

技擊家，有時故意露出空隙（破綻），誘敵上當，就叫「設當」。

決定勝負的另一個重要因素是「智謀」。智謀是智力、智慧的綜合具體運用。

智力、智慧因人之稟賦不同而有差異，在這點上，不是光靠鍛鍊就能克服的。

然而智謀也是一個人本身所懷有的功夫。變化是智謀的表現，足智多謀，詭譎多變，行動忽下忽上，時東時西，實中虛、虛中實，虛虛實實，真真假假，令彼真假難分，虛實莫測，為墜入雲裏霧中，處於惶恐迷惑、無可奈何狀態。

兩雄相遇，在力量相同時看速度，在速度相同時看靈敏，靈敏相同時看技巧，技巧相同時看變化。

通臂拳在挑選傳人時，智能是重要的條件之一。

第三節　實用通臂二十四勢

演示者：郭瑞祥　　陪練者：李相俊

一、斬

1. 原地斬（右）

這是通臂拳的基本功，將全身之力貫於一點，久練可增強勁力。兩臂出紅球通臂丹。

（1）微屈膝，氣下沉，雙手握拳，拳眼向後置於鬢角

處（圖 6-1、圖 6-2）。

（2）向左轉體 90°，右拳隨體轉經前向下擊出，高與臍平。目視右拳（圖 6-3）。

【要領】

隨右拳向前下擊出，右腳尖內扣，腳後跟外擺。左拳隨右拳擊出，用力向左後扯帶，後置於腰間，使拳眼朝上。

圖 6-1

圖 6-2

圖 6-3

圖 6-4

圖 6-5

左手斬與右手斬完全相同，惟方向相反（圖 6-4、圖 6-5）。

2. 拗步斬（右）

（1）直立。氣下沉，沉入丹田。

（2）左腳向左前上一步；雙手握拳於鬢角旁，右腳隨左腳向前滑跟半步；同時，身體左轉 90°，右拳由鬢角向前下砸擊；與此同時，左拳回收，用力向左後扯帶，然後置於腰間（圖 6-6、圖 6-7）。

【要領】

雙膝內扣（合膝），扣右腳、擺腳後跟。整個動作肩、肘、腰均要放鬆，不能拿勁。

左拗步斬與右拗步斬相同，惟方向相反（圖 6-8、圖 6-9）。

在實戰中，拗步是為擊出第二招勢創造有利條件。使

圖6-6

圖6-7

圖6-8

圖6-9

再出招上步方便、快速。斬的力點在拳小指外沿，擊著點可分別為對方的手指（圖6-10）、拳背、腕部（圖6-11）、肩（圖6-12）、胸（圖6-13）、臉（圖6-14）等等。

圖 6-10

圖 6-11

圖 6-12

圖 6-13

圖 6-14

3. 短斬 亦稱「旗鼓勢」或「出馬一條槍」

二人對打，我已接觸對方之身體，這時用大幅度的勢法已亮不開架了。就用短斬來搏擊對方，如同敲鼓一般，使對方無法還手。關鍵是用下盤拖拉步法向裏絞進去攻擊對手，在對手防不勝防、連續後退時，再用一拳或雙拳向對手衝擊，故將此勢稱作「出馬一條槍」。

此勢是我主動進身攻擊對方，在對方退步來不及還擊我的被動情況下，我兩腳一腳上步，另一腳跟進，一上一跟，一跟又進，迫使對方防不勝防。上盤我用此短斬法似敲鼓一樣斬擊對方，待對方無還手之力、後退將要栽倒時，再出直拳沖擊對方，對方必定倒地（圖6-15～圖6-19）。

圖6-15

圖6-16

圖 6-17

圖 6-18

圖 6-19

4.行步斬

對手距我較近時，我用右斬出擊對方，上左腳，跟右腳即可。如果對手距我較遠，我可以先上左腳，再上右腳，然後左腳再跟進。這點要視對手距離我遠近靈活度確定。

圖 6-20

圖 6-21

圖 6-22

圖 6-23

二、攔

　　橫翻手即為攔也。即用小指的外沿和掌的外沿打擊對
方（圖 6-20～圖 6-23）。

如欲正面打攔，可找對方咽喉怕打處；如欲側面出擊，可找對方下身怕打處或心口窩攻擊。

通臂拳在攔的組合招法中，有撐加攔兩個動作。即是先向對手胸部打拗步撐，這實為騙招，對手發現我用右拳撐擊他的胸部時，必然用手（單手或雙手）撥摸我的右手，這時我順勢抽右拳，翻手變攔，向對方的咽喉彈擊，同時，右腳向對方襠內插步，提右膝以撞擊其下陰，此法定能使對方仰臥倒地。這種招勢在平日研討技藝時一定注意點到為止。但在遇到死敵，你不傷他，他必傷你的情況下，使用此手，一下可制敵於死地（圖6-24、圖6-25）。

橫加攔這個組合招法亦要注意，橫翻手打攔，擊著點是腹部，平時練習點到為止，一定要掌握好分寸。遇敵時向下打攔，一招收效必將其置於死地（圖6-26～圖6-29）。

圖 6-24

圖 6-25

圖 6-26

圖 6-27

圖 6-28

圖 6-29

圖 6-30 　　　　　　　　　圖 6-31

三、橫

1. 前　橫

用臂內側橫擊為前橫。以右臂打前橫為例。重心下降，氣沉丹田，上體向右轉體 90°，隨轉體，右臂經前向左橫擊。同時左臂回收，猛然用力向左後扯帶，以增強右臂橫擊的力度。隨上體左轉，右臂橫擊，右腳尖內扣，腳後跟向外蹬地（圖 6-30～圖 6-33）。此勢用法是對方直擊時，我以側擊迎之。左前橫與右前橫相同，惟方向相反。

【要領】

打橫時，轉體、打橫、另一手向後扯帶要協調一致，勻整合一。

圖 6-32

圖 6-33

2. 後　橫

用胳臂外側橫擊即是後橫。

重心下降，氣沉丹田。上體稍左轉，兩臂屈臂合抱於胸前（圖 6-34）。上體猛然向右轉體 90°，隨轉體，右臂從左經前向右橫擊，眼隨視右手（圖 6-35、圖 6-36）。

圖 6-34

【要領】

右臂橫擊，右腳隨之外展，左腳尖內扣，腳後跟外展。

左臂隨右臂橫擊微屈，向左後用力扯帶。

以上是右後橫，左後橫與之相同，惟方向相反。

圖 6-35　　　　　　　　圖 6-36

圖 6-37　　　　　　　　圖 6-38

3. 沖肩橫

　　我先用右直拳為誘招，對方見勢，必然用手按我右臂，上步進身施招。此時，我在對方立足未穩時，甩肩送膀，用力向前沖肩，必將對方撞出，同時扭身打橫，定將

圖 6-39

圖 6-40

其橫打倒地（圖 6-37〜
圖 6-40）。

左沖肩橫與此相同，
惟方向相反。

打橫時要注意：雙腿
微屈，合腕，臂內屈，不
宜伸直。臂內要含力量。

4. 撣　橫

我用直拳為誘招，對
方見勢，必然上步近身欲

圖 6-41

施招，我右手拳變掌，收臂合腕，猛向對方臉部彈擊。如
欲重擊對方，掌變勾腕內合，手背弓起，擊打對方下頦，
可將對手擊蒙（圖 6-41〜圖 6-43）。

圖 6-42　　　　　　　　　　圖 6-43

【要點】

　　發揮通臂拳的鞭勁，故肘腕各部要盡力放鬆（圖 6-44～圖 6-47）。

圖 6-44　　　　　　　　　　圖 6-45

圖 6-46

圖 6-47

5. 磨橫

　　對方上步轉身夾頭，欲用背挎（亦稱別子）將我摔倒在地。我在對方轉體重心尚未落穩的情況下，撤左足向左轉身，用右臂向左橫擊，可將對方摔出（圖6-48～圖6-51）。

圖 6-48

圖 6-49

圖 6-50

圖 6-51

6. 抽横（甩横）

亦稱跨横。是在行拳時，猛然向對手跑來，迫使對手無從躲閃，對手必然提膝，用腿向我踹擊，以防護自己。這時我左足向左跨步，用右臂撥開對方踹來之腿，然後跨右步，用右臂横擊對方胸部。尤其在對方與我跑動中相向

圖 6-52

圖 6-53

　　而來的情況下，此橫擊的力量更大。

　　　二人對面站立。對手向我進步跑來，欲用右腿踹擊。
我跨左腳，錯開彼來勢鋒芒，上動不停。我用右臂畫弧撥
掛對方右腿，同時上右步用右臂橫擊對方胸部。因此勢係
雙方相對跑進，兩者速度加大了橫擊之力度，可將人打
傷。此勢亦稱跨步掛腿橫擊（圖6-52～圖6-58）。

圖 6-54

圖 6-55

圖 6-56

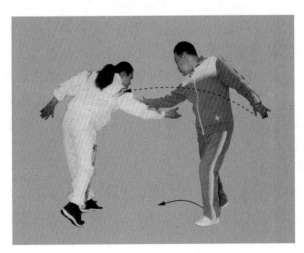

圖 6-57

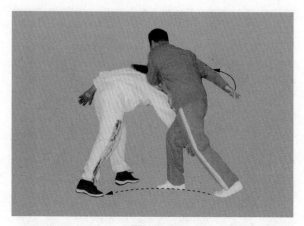

圖 6-58

7. 劈橫

在有橫的組合招法中還有劈橫這個招法。即與敵交手
（圖 6-59），我可先用右手前劈朝對方迎面劈擊（圖 6-
60）。對方見我右手向他面部劈來，認為進攻我的時機已
到，必然就勢上左步，即用左足鎖住我之右足，進身施招
攻擊。這時我的右臂變橫，橫擊對方胸膛，這也是通臂直
來側擊的一種方式（圖 6-61、圖 6-62）。只要通臂功扎
實，掌握住對方在進身中雙足尚未落穩之機，一定能將對
方擊倒。

【要領】

我打橫時要變臉，隨打橫要甩頭，目視對方。用右臂
打橫的同時，左臂屈臂向左後用力扯帶，以加強右臂的力
度。

用左臂打橫與之相同，惟方向相反。

圖 6-59

圖 6-60

圖 6-61

圖 6-62

8. 前劈加橫

通臂拳有橫的三勢組合招法中，有前劈加橫這一實戰
威力很強的一組勢法。

雙方站立，待搶門插招，攻擊對方（圖6-63）。對方
舉手問路，引我出招（圖6-64）。我即以迅雷不及掩耳的
動作，用右臂朝對方的前臂猛然劈下（圖6-65）。對方前

圖6-63

圖6-64

臂被劈砸下落（圖6-66）。這時右臂向對方面部猛擊。對方面部被擊，身體必然後仰（圖6-67）。我借機順勢上步橫擊對方，對方必然倒地（圖6-68、圖6-69）。

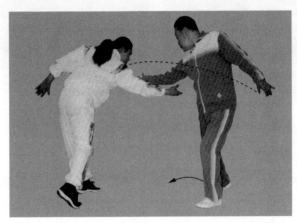

圖 6-65

圖 6-66

圖 6-67

圖 6-68　　　　　　　　圖 6-69

【要領】

　　在右臂向前劈下時，要以腰帶臂，發揮通臂拳之鞭勁。隨右臂劈下，要以肩甩膀，右腳向前跟進半步，這樣可以放長擊遠。

9. 前劈加前橫

　　亦稱大跨步或一、二、三、摑子。雙方走場待搶門插招（圖 6-70）。我可先舉手誘彼出手（圖 6-71），對方必將出手擊我前手。這時我用右臂反劈砸擊對方前臂，以迅雷不及掩耳之勢用右手猛擊對方面部（圖 6-72、圖 6-73）。對

圖 6-70

圖 6-71

圖 6-72

圖 6-73

圖 6-74

方面部被擊,身必後仰,我隨即向前跨左足,順勢用右臂
向對方胸、襠打橫,對方必定倒地(圖6-74～圖6-76)。

圖 6-75　　　　　　　　　　圖 6-76

【要領】

　　右臂劈下，要迅速有力，銜接要緊湊，不給對方以換手之機。跨左步時，右足可隨勢向前跟進。右臂亦可屈臂、手變拳，擊打對方面部，這樣定能使對方失卻戰鬥力。

四、揮

　　即抖撒手。右手向前抖甩，同時要含胸拔背，鬆肩舒腕展髖，使軀幹與上下肢共同構成反弓形，使全身之力集中於一點，即手背和指尖。做到速快、力猛、放長擊遠、出反彈脆勁（圖 6-77、圖 6-78）。

【要領】

　　右手揮出時要向下坐腰，以增強反彈力度，擊著點是對方臉部。如果擊打對方下頜，就將手背弓起，腕內扣，

圖 6-77

圖 6-78

圖 6-79

圖 6-80

以增強擊打的剛勁（圖6-79、圖6-80）。

　　此勢也可這樣應用，兩人交手，我嚴陣以待，當對方向我胸部用直拳擊來，我含胸避開對方拳鋒，順勢鬆肩摟腕，上體稍向左轉，向對方面部或下巴抖擊。對方打不上

我，我可將對方打倒在地（圖6-81、圖6-82）。

對方向前打出的直拳衝力很大時，我可在含胸的同時向後坐腰，以避其拳鋒，同時用右手向對方揮擊（圖6-83～圖6-87）。

圖 6-81

圖 6-82

圖 6-83

圖 6-84

【要領】

我在坐腰時，雙足併步後跳。此勢可先開正門，誘敵時用直拳向其胸部擊出，再含胸或退步揮擊對方，對方一定閃躲不及。

圖 6-85

圖 6-86

圖 6-87

五、卡

對方用直拳擊我胸、腹，我含胸，兩前臂交叉，沿彼臂向裏挫進曰卡。然後用左拳（拳眼向外）、上右步，朝對方臉部沖擊（圖 6-88～圖 6-90）。

【要領】

上步的同時出拳；出右拳時左手用力向後扯拉。以增強右拳沖力。

圖 6-88

圖 6-89

圖 6-90

六、挑

拳由下向上或由下向前為挑。如對方用陰拳（拳心朝下）向我襲來，我用右拳由下向上挑擊他的脈門（穴道）。右拳上挑的同時要坐腰、壓左肩，左臂向下壓帶（圖6-91、圖6-92）。

凡挑打都要屈臂。為了放長擊遠，一般都採取順步，右拳挑上右步，左拳挑上左步（圖6-93、圖6-94）。

順步挑也稱「火焰鑽心」。

圖 6-91

圖 6-92

圖 6-93

圖 6-94

圖 6-95

七、掖　捶

　　微屈膝，重心下落，氣沉丹田，上體稍向右轉，兩臂握拳自然下垂。目視對方（圖 6-95）。左足向前上一步，雙臂提肘，使雙拳置於兩鬢旁，隨上步上體左轉將右拳向對方胸、腹部插擊（圖 6-96）。

圖 6-96

【要領】

　　右拳向下插擊時，前臂內旋，拳眼最後朝下，以增強滾插沖擊力量。

　　掖捶的組合招法，主要有以下兩種：

1. 掳 挑

即「神拳當面插下，進步火焰鑽心」。雙方交手，我先打右手掳捶，對手胸、腹被掳，必含胸向後倒退。我順勢上右足，用拳向對方胸、腹部或下身挑擊（圖 6-97～圖

圖 6-97

圖 6-98

圖 6-99

圖 6-100

圖 6–101

圖 6–102

6–101）。

【要領】

掖挑均要合膝、鑽足、收腹、斂臀。

2. 掖 提

二人交手，我先打掖捶，對方左臂如果向下壓砸我頭頸，我上體向右擰轉，可用右臂向上屈提，擋架對方下壓之左臂，而我左手變掌，挫其下頜（圖 6–102～圖 6–106）。

由此可以看出，通臂二十四勢每個勢法尤其是組合勢法，有攻、有守，即防中有攻，攻中有守，以攻為主，防是為了更好地攻。防守與進攻不是截然分開的。所以它符合辯證法，是非常科學的一個好拳種。

圖 6-103

圖 6-104

圖 6-105

圖 6-106

八、撩

上體微向左轉，雙腿稍屈，右臂下壓對方來拳，手背領先（圖6-107）。右臂壓下對方來拳後立即用力向下反彈，用手掌撩擊對方胸部或小腹或前臂（圖6-108）。

注：隨用掌撩擊對方時，亦可上右步，以增撩擊力度。

圖 6-107

圖 6-108

九、劈

由上向下擊，即為劈。

1.左手前劈

　　側立，重心下降屈
膝，收腹屈膝，目視對方
（圖 6-109）。雙手上
舉，左手過頭，右臂置於
左肘內側，左前臂內旋，
掌背朝前（圖 6-110、圖
6-110 附圖）。左腳亦可
抬起向前落步，同時，左
臂以小指外沿領先，隨左

圖 6-109

圖 6-110

圖 6-110 附圖

腳向前落步猛然向前下方劈下。右手用力向右後方扯帶。
右手心朝下，置於腰間（圖6-111、圖6-112）。

通臂拳講究劈山（或劈三），即對方臉面三山（鼻
梁、兩顴骨）。俗語說：「動手先打臉。」「動手不打
臉，必定功夫淺。」通臂大師劉玉春最拿手的招法是
「劈」。此人人高體大，一般人叫他一個劈，必定劈個跟
斗，可把胸膛劈一道血印子。

2.反　劈

用手背領先向下劈下為反劈。我側立，對手在身後，
欲用直拳擊我後背或頭部（圖6-113～圖6-115）。我撐腰
掄臂，用右臂砸擊對方，手背領先，擊點在對手面部（圖
6-116）。

圖6-111

圖6-112

組合招法：前劈轉體橫。

這個組合招法是，我用前劈打擊對方面部，對方面部被擊，必須要抬頭仰臉向後。我隨即轉身用右臂復劈使對

圖6–113

圖6–114

圖6–115

圖6–116

方還手不得，我隨勢跨右步打橫，對方必倒地無疑（圖6-117～圖6-121）。

圖6-117

圖6-118

圖6-119

圖6-120

也可用反劈加下把撩陰，打擊對方陰部（圖 6-122～
圖 6-124）。

圖 6-121

圖 6-122

圖 6-123

圖 6-124

十、拽（甩）

1. 原地拽

含胸拔背，屈膝斂臀；雙手握拳，左拳由胸經頭上向左後用力扯帶，意在掛扯對方來拳。上體向左轉體90°，右拳由腰向前、向左用力橫擊。同時左腳向前活步，右腳跟進半步成雙弓步型（圖6-125～圖6-130）。

左拽與右拽相同，惟方向相反。

【要領】

拳向後扯帶要快速有力，使對方由於被我拳掛帶，身體稍前傾，始到妙處。這樣就使對方無法撤退，且不能變招擊我，沒有還手之機。打出拽時，臂勿要伸直，要稍屈，以免擊著重物，傷了自己肘關節。

圖6-125

圖6-126

2. 活步拽

活步拽與原地拽大體相同。惟打右手拽，要先上左足，右足隨打出的拽而跟進半步成雙弓步。打左手拽，即

圖 6-127

圖 6-128

圖 6-129

圖 6-130

先上右足，左足隨打出的拽跟進半步，成雙弓步。這樣可以加大拽的力度（圖6-131～圖6-136）。

在通臂拳含有拽的組合招法中，數前劈加左右拽最具實戰威力。如我上左步，照對方打左前劈，若擊中對方

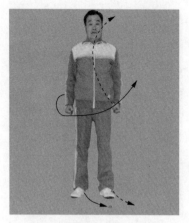

圖6-131

圖6-132

圖6-133

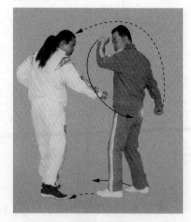

圖6-134

頭、臉，對方必然向後仰身，這樣就將他的胸、腹完全暴露出來。我隨即變勢，打右拽擊對方左肋，對方左肋被擊，還沒反應過來，我再變勢打對方右肋，對方必傷（圖6-137～圖6-143）。

圖 6-135

圖 6-136

圖 6-137

圖 6-138

圖 6-139

圖 6-140

圖 6-141

　　我打左前劈，也可虛張聲勢，將對方注意力集中在左
上方我之左手處，我迅即變右拽，必中，右拽只要擊中，
一變化步法，左拽也一定會擊中無疑。

　　這個組合招法非常實用，按擊著點來即「劈擊頭顱，

圖 6-142

圖 6-143

拽打兩肋」。

　　以上說的是中盤拽。另外，根據擊著點不同，又分為
上拽、下拽、蓋拽等等，現分述之。

3. 上　拽

　　側立，對方用拳
或腿擊我左腿部。我
用左拳向後用力扯
掛，掛開對方來的拳
或腿。然後上左足，
上體向左擰轉，身體
向前傾壓，同時右拳
向右經上向下拽擊對
方頭左側（圖 6-
144～圖 6-146）。

圖 6-144

圖 6-145

圖 6-146

4.下 拽

下拽與中盤拽相同，惟擊點不同。下拽是打對方腿、膝內側虎眼穴，此處怕擊打，擊準可使對方失去戰鬥力（圖6-147～圖6-149）。

圖 6-147

圖 6-148

圖 6-149

5. 蓋　拽

　　對方用手或足朝我左肋下方擊來，我用左拳向後抽掛，且向前合身，下蹲成歇步，右拳由後經上向對方頭顱壓擊（圖 6-150～圖 6-152）。

圖 6-150

圖 6-151

圖 6-152

圖 6-153

圖 6-154

【要領】

　　打拽時要重心前移（即向前合身）。此時要擰腰切胯以增力度。另外拽變拽，即打完一個再打另一個要緊湊快

圖 6-155

圖 6-156

圖 6-157

圖 6-158

速，靠下盤激絞連環步的變化。即以雙手、腳掌與腿跟的
擰轉起作用（圖6-153～圖6-158）。

十一、撐

1.拗步撐

側立。重心下降，雙臂自然下垂。目視前方（圖6-159）。

左足向前上一步，右足隨之跟進半步，合膝鑽足成雙弓步（激絞連環步）。同時，左臂屈肘，左拳經頭上向後硬掛，置於左腰間；右拳順勢由腰間向前撐擊；目視前方（圖6-160～圖6-162）。

【要領】

動前之側立動作，其步法為不八不丁不二步。右手拳由腰間向前撐擊，要做到「離、擰、扣、打」四個字。「離」是在拳由腰間離身時要轉身，「擰」是擰腳尖子；

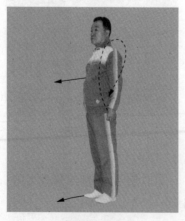

圖6-159

圖6-160

圖 6-161

圖 6-162

「扣」是接近敵身要扣拳，即前臂內旋，由陽拳變陰拳。就是用扣拳的螺旋勁，加大拳頭向前的衝撞力。左手直拳與此相同，惟方向相反。

2. 順步撐

圖 6-163

側立。雙手陽拳分別置於兩側腰間，步型既不是八步，也不是丁步，更不是二步（圖 6-163）。

注：順步撐是基本勢法，開始可以單打，一次左右各打一百下。筆者初學時一次打五百下，不打完五百個撐不停下來休息。

順步撐實用性很強，打完撐，活步打拽或攔方便快速，這就是激絞連環步法之優越處。

十二、激步勾子

此勢係通臂拳中的主要勢法。對方距離我一丈開外，使用此勢，可令其人仰馬翻。通臂拳先輩任向榮的激步勾子堪稱一絕，一般人不易防禦。上海教育出版社出版的《中國拳種與拳法》一書中寫到：「滄州通臂拳講究激步勾子縱步斬，其代表人物是劉玉春和郭長生（人稱『郭燕子』）。」

【動作說明】

右虛步站立，重心偏落左足。兩手胸前平伸，右手在前。目視前方（圖6-164）。

重心前移，右腳點地，使身體向前躍起，左足落地，右足由後向前猛踢對方左前腿；同時右臂由下向後抖崩（圖6-165、圖6-166）。

【要點】

當對方左腿在前時，我右腳向前點地使身躍起騰空；當左腳落地時，我右腳由後向前踢對方前左腿。同時，右臂向後抖崩，使對方仰面倒地。此勢一般在距敵一丈二尺時我即可發招生效。

圖 6-164

圖 6-165

圖 6-166

2. 跳步勾子

是通臂拳門內人用跳步勾子破對方的激步勾子。此勢是見對方踢激步勾子，便用左腳前腳點地，隨即右足起跳，待右腳落地時，左腳從後向前踢對方右腳，順勢將對方踢翻（圖6-167～圖6-170）。

圖 6-167

圖 6-168

圖 6-169

圖 6-170

十三、掃

　　兩人對打，我踢激步勾子，對方已經察覺，於是抬腿使我踢空。這時，我右腳落下，左腳向右腳後偷步，然後

圖 6-171

圖 6-172

圖 6-173

右腿由前向後掃擊。同時，右臂向前打橫。左臂向左後擺動（圖6-171～圖6-173）。

激步勾子加後掃兩個動作是一個組合。在勾子落空時加後掃擊對方。偷步也叫按倒插步。

十四、炮

1. 開門炮

側立，重心下移，氣沉丹田。右手前伸，左手後舉，右肩對敵方。成雙弓步。對方用左拳擊我頭部，我向右轉體，用右臂提架對方左臂，隨轉體右臂回收至腰間，然後左臂由腰部向對方下頦戳擊；隨勢身體重心向右前傾（圖6-174、圖6-175）。

2. 肘截炮

對方用右手抓我衣領或腰帶，可任其抓住，抓緊更好。我舉雙拳於頭上。然後用雙肘向下，猛然截擊。力點在對方前臂腕部。可使對方腕部折斷，然後提腿上步，右

圖6-174

圖6-175

腿向對方襠內插落，同時雙拳向對方面部或下頷用力沖擊
（圖6-176～圖6-184）。

此拳勢最為實用。一般情況下，對方容易以直拳擊
我，或抓我胸、腹，我可用此勢，一是防護了自己，用時

圖6-176

圖6-177

圖6-178

圖6-179

圖 6-180

圖 6-181

圖 6-182

圖 6-183

也反擊了對方，動作速快而力猛，使對方無法防備。這個勢法是通臂拳比較實用的一個勢法，比摔跤中的「崩」和擒拿中的「雙手抱一拳」都要先進。

圖 6-184

圖 6-185

所謂開門炮，就是「抬手就打」。當然其打法還有很多。

十五、提　踹

二人走場，準備施招。我左手在前，右手於身後，上體稍向右轉。對方用右腿向我胸、腹踢來，我重心移至左腿，右

圖 6-186

腿屈膝，提膝向對方右膝內側虎眼穴道頂擊。然後我用右腳向對方站立的左腿膝部猛踹。對方雙膝被襲必傷無疑（圖 6-185～圖 6-188）。

圖 6-187　　　　　　　圖 6-188

十六、戳

　　通臂拳打戳掌一般都要加引拳或引腳。如雙方待攻，站立。我舉右手以佯攻，分散對方注意力，然後虛攻，右手向下畫弧。與此同時，利用身體慣性，右腳直踹對方胸、腹，名曰「窩心腳」。對方胸口被踹必後仰，我右腳向前落步，向對方襠裏插步，右掌向對方臉部戳擊。同時，左臂在腹前做自我防護（圖 6-189～圖 6-192）。

圖 6-189

圖 6-190

圖 6-191

圖 6-192

十七、暗下取火

「暗下取火鬼神驚」，這是通臂二十四勢歌訣中的一
句話，說明這個單勢也是通臂二十四勢中一個主要的單打

動作。

側立，雙腿屈膝，右腳在前腳尖外展，雙拳自然下垂；目視前方。

上左腳，腳尖外展，跟右步，上體左轉 180°；隨上體向左擰轉，右拳由後經上向前掄劈，重心下落；左拳由前

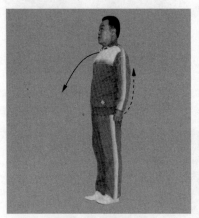

圖 6-193

圖 6-194

圖 6-195

圖 6-196

經下回拉至頭後。目視前方。

　　上右步，向前挺身；同時，右臂屈臂，拳眼向上，向對方襠內挑擊；順右拳向上挑擊，左拳在身後向下沉振（圖6-193～圖6-200）。

圖6-197

圖6-198

圖6-199

圖6-200

向上挑擊時，要上步挺胸。不然不能把人挑起。

十八、攪地龍

通臂拳的攪地龍是破腿的
重要方法。

這個勢法的動作如下：

側立，雙腿屈膝下蹲，左
腳在前，腳尖稍外展；左手握
拳前伸，右拳後伸，兩臂基本
成一直線（圖6-201）。

右足向後偷步；同時左臂
微屈內旋畫弧；右臂於身後協
調配合；目視前方（圖6-

圖 6-201

圖 6-202

圖 6-203

202）。

　　兩臂繼續螺旋攪動前進（圖6-203～圖6-207）。

　　這樣連續一攪、一偷、一攪、一偷螺旋前進。此勢是通臂拳主要破腿的方法。當對方來腿，我用前面的左拳，

圖6-204

圖6-205

圖6-206

圖6-207

將對方的腿攪開。順勢向左轉體 90°，右拳向對方的腹、襠撐擊，對方必倒無疑。也可在轉體 90°的同時，起右腿，用右腳踢擊對方站立腿，這樣對方的左腿必傷（圖 6-208～圖 6-214）。

圖 6-208

圖 6-209

圖 6-210

圖 6-211

圖 6-212

圖 6-213

圖 6-214

十九、鞠躬耙打

　　兩臂自然下垂，目視前方。上左腳，右腳跟進；雙手握拳，由下經前向上舉，置於頭上；縮胸拔臂藏頭，身體稍向右轉，使左肩朝前（圖 6-215、圖 6-216）。

圖 6-215

圖 6-216

左腳繼續向前上步，右腳
隨之跟進半步，挺胸抬頭坐
腰，左拳向下猛劈，右拳隨勢
向右後扯帶，以增強左拳下劈
之力（圖 6-217）。

【要領】

雙拳上舉，意在滑落對方
砸來的扁擔等重物（不能橫
架，只能滑落），然後側身上
步，用左拳向對方臉、胸劈下
（圖 6-218、圖 6-219）。

圖 6-217

二十、掛

我上右腳，用直拳佯攻對手胸部。彼見來直拳，抬左

圖 6-218　　　　　　　　圖 6-219

圖 6-220　　　　　　　　圖 6-221

腿並以雙手護胸，或按我右臂。這時，我右臂屈收，下
蹲，右拳經頭上向右、向下、向前上畫弧掛撩對方左腿，
待對方左腿被撩起後，我再用右腳踹擊對方站立的右腿
（圖 6-220～圖 6-224）。

圖 6-222

圖 6-223

圖 6-224

圖 6-225

　　掛的另一個打法是：對方右直拳擊來，我含胸用右手掛開對方來拳。順勢上體向右擰轉 180°，隨身體向右擰轉，左臂由後經左向前、向右打橫。擊打對方頭頸（圖 6-225、圖 6-226）。

圖 6-226

圖 6-227

二十一、單鞭破雙錘

　　上步撑為誘招（圖 6-227）。對方如果側步用左拳橫擊我頭，我猛向右轉體，同時屈臂回收，合抱雙拳，用力向外擋帶回拉（圖 6-228）。

　　如果對手變勢，又用右拳橫擊我之頭部，我順勢再向左擰轉上體 180°，用雙拳和前臂架擊彼拳臂（圖 6-229），雙臂立即回拉至右鬢側，含胸拔背，收腹斂臀，上體成雙弓形（圖 6-230）。雙拳合抱屈臂回收的同時，右腳向前上步，同時雙拳先後猛力向前沖擊，沖擊目標為對方胸、腹、

圖 6-228

圖 6-229

圖 6-230

臉部（圖 6-231）。

二十二、上捧下搊

　　含胸合膝成雙弓步。右臂置於胸前，左手貼於右肩內側（圖 6-232）。

　　右腳蹬地，左腳向前活半步；右臂猛然由下向上出，左手協調配合，也隨右臂向上捧出（圖 6-233）。右腳向前上步，隨即左腳跟進半步；同時，雙手隨上步向前下用力搨按（圖 6-234）。

二十三、倒發烏雷

　　二人交手，準備搶門插招。我重心下垂、氣下按、面向對方。欲向左轉體時，右腳在前成蓋步，反之，左腳在

圖 6-231

圖 6-232

圖 6-233

圖 6-234

前成蓋步。待對方由正面向我攻來。我向左轉體兩臂平
伸，先用左掌掌背猛擊對方頭頸。身體擰轉的速度要大，
以增強擊掌的力度（圖 6-235～圖 6-237）。身體繼續左
轉，右掌再橫擊對方頭、胸部（圖 6-238、圖 6-239）。

圖 6-235

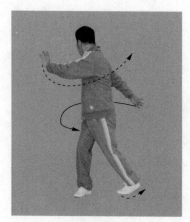

圖 6-236

圖 6-237

圖 6-238

【要領】

　　身體擰轉時要重心下降，速度越快，橫擊力度越大。

　　如果欲向右轉體，左腳上步成左蓋步，其餘勢法均相
同。此為埋伏勢打人之好動作。

圖 6-239　　　　　　　　　圖 6-240

二十四、翻點腳

　　微屈膝側立，右手前舉左
手置於胯旁；上右步，左腳向
後偷步，伏腰轉體 180°，雙
手抱於胸前。重心下落，腰如
張弓待發。右腳提起，提胯，
用腳向後戳擊。右臂和左臂分
別前後平伸，以保持身體平衡
（圖 6-240～圖 6-243）。

圖 6-241

【要領】

　　對方如果距離很近，我可在轉體後，用腳後跟戳擊對
方腿部。

　　這裏應該說明的是：通臂拳歷代傳承到現在已九代，

對二十四勢單打動作說法也不一樣，就是獨流或滄州老拳師也說法不完全一致，又沒有古譜為依據，所以二十四勢單打姿勢我們掌握的就是上述二十四勢，如與同門有所歧異，也是可以理解的。

圖 6-242

通臂二十四勢的單打動作，一般都是陰陽變換、左右開弓、吞吐伸縮、攻防結合、遍體著力、筋骨棱撐、步步進擊、法法連環、出招出勢，使敵防不勝防。

圖 6-243

其結合勢法即是單打動作的組合。大組合有五至七個單打動作，小組合為二至四個單打動作。在實戰中，並沒有固定的組合，均是自選任意，隨機應變。幾個組合連結起來便是套路了。

現以三個動作的組合為例。

一、劈橫攔（只用前手的組合）

我用前劈襲擊對方頭、臉，對方見頭上來手，必埋步側身進步施招。在他上步轉身重心尚未落穩的情況下，我用前手猛然變橫，將對方打倒，如打不倒，便用打橫的前臂翻手打攔，其擊著點在對方下身。

【要領】

劈變橫須向下坐腰，攔亦然，以增加力度。

二、拗步撐加提膝上步攔

我用拗步撐先襲擊對方前胸，對方見直拳擊來，雙手必然扶捂我拳。我上步提膝，撞擊對方下身，然後落步插入對方襠內，我右拳變掌回收於胸前，立即翻手打攔，用小指外沿襲擊對方咽喉。

三、撐拽拽

我用右拳上步打撐（拗步），對方定以雙手捂我拳以護胸。我順勢變左拳打拽，右腳向右前上半步，左腳跟進。繼之，我又用右手打拽（左右開弓），右手打拽時，左腳再向前活步，右腳跟進。撐、拽打出都要合膝鑽足，收腹斂臀。

通臂拳八大優秀組合招法：

一、劈橫攔拽連環招法

二、鞠躬八打連環招法

三、劈撐拽橫攔招法

四、斬攔橫炮連環招法

五、掖提炮橫攔招法

六、行步斬拽反劈擠按提拽招法

七、劈面悶劈橫拽法

八、激步勾子帶後掃前橫招法

學者在學會單勢的基礎上，亦可自行任意組合之。

通臂拳先祖們為使學者便於記憶，編創了通臂二十四勢歌，從內容上看，對二十四勢可說是含而不露，並不說得太明顯，以便學者熟習後自悟。

通臂二十四勢歌

二十四勢祖師留，倒摘金冠起根由。

黃龍轉身多有變，嗑打不住往前行。

斜行虎誰人不懼，五封鎖單等來人。

硬撐拳往裏就進，揉崩捶細看分明。

撐手勢天下無比，挽手勢根指打人。

漢油捶提鈴不住，袍龍伏身起無情。

南唐拳雙錘過目，暗下取火鬼神驚。

盤肘勢抓人就打，二郎拳亦是風雲。

磨捶勢暗藏勇猛，老君怒惱大劈門。

風擺柳截勢舞打，醉八仙變化無窮。

大猴拳威勢驍勇，金雞獨立等來人。

小猴拳左右跳打，十二通臂往裏攻。

第七章
通臂拳拳諺、拳訣、
術語、歌訣點釋

通臂拳的拳諺、拳訣、術語和歌訣是歷代通臂拳先輩經過長期實踐的體驗而積累、提煉出來的，是對通臂拳理論和實踐的高度概括，它的內容包括了通臂拳的各個方面。是中國武術文化的寶貴財富，對武術的應用和研究有著啟迪、指導、畫龍點睛的意義。

這裏，對一些通臂拳中著名的拳諺、拳訣、術語和歌訣，根據個人體會，作一個闡釋，以饗讀者。

手似流星，眼似電。
腰似蛇行，腳是鑽。

這是一首概括通臂拳特點的諺語。它主要體現通臂拳各運動部位不同形狀的運動，輕、靈、快、捷特點和身體素質所要達到的目標。主要突出一個「快」字。

學者要細心體味「流星」「閃電」「蛇行」「鑽」這些快的不同形狀。「流星」的快是以離心力從圓心甩出，走弧線，形成不間斷的周而復始的圓周軌跡。

「閃電」有意顧左右，以頸帶動肢體改變方向的作

用，還有以閃電般的目光奪人膽魄的意義。

「蛇行」不只是指腰，這裏是指全身，也就是身形動作又像蛇一樣蜿蜒曲折。

「鑽」是木工使用的牽拉鑽，左右旋動。

以上幾種動作形狀包含了外形的基本要求，如能將它們全面地歸而為一，協調一致，學員們就可以逐漸體會到其中的奧秘。

這條諺語在武術的大部分拳種中都有流傳，文字表達上略有不同。一般都把它看成順口溜。

　　鷹膀鷂翻，溜肩下氣，
　　折腰翻腔，斜身撬步（拗步），
　　閃展騰挪。

1. 鷹膀鷂翻

據說這是一個招勢的動作，其定勢就是「跨虎勢」。但是，招勢應當畫分出招勢範圍，把它放到講身形的術語集句中就顯得不大合適。

「鷹膀鷂翻」是講身形動作的狀態。「鷹膀」是在單架中的攔，在二十四勢歌裏是「黃龍轉身」，是鷹展翅。鷹膀重在「膀」，鷹在空中盤旋翱翔時膀動身不動，這與通臂拳在交手周旋改變方向時，膀動臂不動的情況相同。

「鷂翻」的要點在翻上。據說鷂子處於危險狀態時靠翻滾逃避。鷂翻，指處於危險境地時，突然來個急轉身轉到敵側，即可轉危為安甚至轉敗為勝。

2. 溜肩下氣

肩不用沉而用溜。溜是自然下沉，不同於攔沉。

3. 折腰翻腔

腔指胸、腹部位。這裏指對腰部的柔韌性鍛鍊。

4. 斜身撬步（拗步）

此為通臂拳主要身法步法，前面有敘述。俗稱「粽子型」。

5. 閃展騰挪

身形步法移動的幾種形式。主要用於搏鬥。

【形象意領】：

變化形無形，周旋意無意，包羅小天地，大海蛟龍起，玄妙頗相似，精神切要實，空中似風旗，逐浪如黑魚，象行必甩鼻。

1. 變化形無形

前面已述，「招法就是變化，沒有變化也就沒有招法」。但變化要做到無形寓於有形之間，出手不見手，無中有，有中無，才是高深變化，其中奧秘頗深，須慢慢領悟。

2. 周旋意無意

「周旋」是指雙方尚在互尋戰機的試探性階段，也可

以理解為已開始交手。「意」是意念。交手之中，意念要高度集中，全神貫注，不能有絲毫「走神」。但怎麼能無意呢？可以解釋為：在周旋中，意念即注意力不能緊張，要根據戰情「有張有弛」，心態放鬆，有意形成無意狀態，才能在交手中有敵若無敵，應付裕如。但這是交手中最難掌握的一關，需長期鍛鍊。

3.大海蛟龍起

龍是傳說中的三棲動物，陸、海、空任意遨遊。人們只是借助想像中的龍從海面騰起是靠身軀的扭擺盤旋上騰的姿態來說明通臂拳騰躍動作的姿態。

4.空中似風旗

空中被風吹的旗幟的形狀，一是連軸心隨風由根向梢抖動，一是繞軸心隨風旋轉，由根向梢抖動。

拳術中比喻「風中旗」，主要是強調「抖動」。

5.逐浪如黑魚

黑魚指一切有鱗之魚。魚追逐浪靠什麼呢？靠全身左右擺動向前推進，是頭向尾傳力。

6.象行必甩鼻

這應當是指大象的甩鼻動作，而不一定是說象行走前一定要先甩鼻子。象鼻幾乎同人之手，一切生活操作皆仰仗其鼻。作為攻防主要武器，雖無牙爪鋒利，但象皮堅厚力大，鼻子動作靈敏，獅虎已非其對手。如果說人的手臂

的柔韌性要求要像象鼻子一樣曲伸自如還好理解，而拳訣上是說「甩」，這在理解上有些困難。不過根據「玄妙頗相似」一詞推想，「甩」還是說力由根向梢傳送發出。

通臂拳練功要領

塌腰鬆肩頭頂天，舒筋活節意自然；
渾抱丹田腳黏地，左旋右轉心要閑；
前進必須應顧後，左右上下一線穿；
出拳出掌輕到重，當中合力鏈錘般；
不問進退攻兼顧，灑脫矯健著先鞭。

頭向上頂勁———頸椎自然豎直，自然鬆開肩關節，胸、背自然放鬆，腰向下塌，背自然拔開，胯自然下落，這是練功準備姿勢。練的目標是：舒筋活血節，伸筋拔骨———舒展肌腱，活絡關骨。

練功時的意念包括呼吸要自然、安靜輕閑，氣機要從全身四面八方向丹田聚攏擁抱，才能向八方提供支撐，這就比用「氣沉」「氣貫」更能說明氣聚丹田的景象。然後開始以脊柱為軸，左旋右轉，帶動下肢旋扭，上肢屈伸搖擺揮舞，而心要安閑自在。

下面四句話是說練力量要渾然一體，全身上下左右前後要擰成一股繩，向一個方向———一個點發放，這種「當中合力」已到拳掌上像掄出去的鏈錘一般，力量重而速度又快。

最後兩句是總結，指無論是練功還是實戰，形神都要處於灑脫矯健狀態中。

這首歌訣的主旨有兩個，一是舒筋活節，一是「當中合力」。

舒筋活節在《內經》是舒筋緩節，一般中醫稱為舒筋活絡。「緩」是鬆緩的意思，適用於養生，絡是經絡，適用於治療。武術對關節的要求是增大活動的範圍，用緩就達不到這個目的。古人對此總結是經過考慮的。

《練功要領》據說是當年劉景雲留給上海任鶴山的大拳譜中記載的。《形象意領》出處不詳，但當年劉景雲曾提過「風中旗」「甩象鼻」二訣，有可能也是單傳譜中的。

內練一口氣，外練筋骨皮

一口氣包含著神、精、意及體液，也就是氣功的要領。「練精化氣，練氣化神，練神還虛」，就是要保持呼吸的通暢。外練筋骨皮，意為舒筋活節，以增強體質的柔韌性、堅固性、靈活性、力度、速度等素質。內練以外練的肢體活動為導引，外練內練以調理意念，氣機練氣血暢通來充實潤養。

一意　二會　三尖　四合

一意二會不解其意。三尖為鼻、手、腳要一條直線對齊。四合可能是六合的簡化，即意、眼、手、腳要合一。挨、幫擠、靠也稱四合。

手眼身法步　心神氣力膽

手代表上肢，步代表下肢，法代表技術、戰術及功

法。心代表意念、意識和神氣，力、膽代表人的能力。練是練這些器官的功能，用也是用這些器官的功能，要求是協調一致，集中統一。當然，在運用上要以眼為先，以心為帥。

一力降十會　一巧破千斤

這是講力與巧的辯證關係。不會打法的和會打法的兩個對手，如果會打卻與對手力量相差懸殊，實戰中也無法獲勝對手，這就如同幼童對成人一樣。巧破力，必須有速度的條件，雙方必須在力量相差不大的情況下才能表現出來。這是因為雖力大而不懂用力的要領，而且用力也不熟練。反之，巧掌握了用力的竅門，又「熟能生巧」，所以才能以小力勝大力，「一巧破千斤」。

由此可知，速度、力量在搏鬥上之重要性。

快　打　遲

這句諺語，常常被「手快打手慢」所掩蓋，但是，這句話只意味著手的作用。實際上，「快」應當理解為反應快，眼、手、步、身都要快。

「快打遲」還有進一步補充的「快打遲、遲打慢、慢打沒眼漢」之句。遲和慢其實沒有分別，只為這句子更順口。這裏的沒眼漢是指不會用眼的敵手。

前握後扣

專指撐拳定勢時雙臂的姿勢。就是前臂的肩部要向後縮成大約 120° 的角度，稱為前握，後臂的上、前臂屈疊和

扣於同側腋下，稱為後扣，這與通臂拳的另一要求「斜身」相一致。

斜身的前臂必須握回，這個姿勢可能是專為練功設計的。因為後手是準備發力的，後扣等於張弓待發，發拳路程較遠，正好練習向前直線衝力。但如果把它用在實踐上就很不理想了。肩回握倒沒問題，臂直拳緊後臂扣，自然形成了緊張狀態，而右手扣於腋下不但行動不靈，並且失掉防護中線的作用，也加大了前後手的距離，不能及時前後呼應。前臂直線動作也不靈便，不能在原定位置上發動攻勢。

前握後扣如果理解為腕部的曲折擺動，這在攻防技術上或者能講得通，那樣必須將「握」改成「折」，即前折後扣。折腕是手臂向外擺或向上（大拇指）擺、而腕向裏面擺或向下（小指）擺。別看這一小小動作，卻內含著很多機理。它是通臂拳重要技術之一，關鍵則在「前後」二字上，道理是「欲上先下，欲左先右」等戰術。發手要使用陰拳———扣，出手的姿勢是先向上（折），隨著是向下扣，左右上下都一樣。

在防守還擊時亦如此，以折破壞對手的打擊力，緊接著就扣搗其老巢。折與扣要連貫成一個動作，要不露形跡，要打出一個勁———「以一貫之」。

抽　鞭　子

這是形容發力要像抽鞭子一樣，力由根傳遞到梢，即由腳至腿至腰至肩至臂至手指。

撥貨郎鼓，刮旋風

這都是比喻發力由中心軸向外甩出。

刮旋風是形容像旋風一般地旋轉前進。

手是兩扇門，全憑腿打人

這條諺語有些片面性，它強調了用腳踢的作用，而手臂只被當作防護用的門戶。拳術的攻防應以拳為主，其他器官皆為拳之輔。腳力大、路程長是其優點，但是發腿平衡，穩固減弱，「抬腿半身空」等弱點也不能輕視。

通臂拳講究「全身是拳」，但以手臂為主。

這條諺語如果改成「步贏人」還比較恰當。因為步關係到全身的行動，如移動的速度、重心平衡、發力的強弱等。

練時無敵若有敵，交手時有敵若無敵，這是辯證地鍛鍊與實戰對敵的態度。這個練是指「擊空」，要把注意力放在「手前、眼前、腳前」的「三前」上；「若無敵」則必須經常進行實戰訓練、交手才能做到。交手中應把對方看成「木頭靶子」。

撐拳是碾子軸心

是指拳撐架，不是指撐拳，是以靜待動的戰術備戰勢。即任憑對手前後左右跳動，我自巋然，圍繞中心軸旋轉。

撐是無極大槍

槍以圈槍為母，以紮為用。器械是手臂的延長。撐之為用也，也是以圈為母。而撐與紮相似，所以，撐被喻為大槍。通臂拳中不只是將撐喻為大槍，在二十四勢中還有「劈似刀，甩似錘，斬似斧，攔似劍」等比喻。

所以，拳術是一切器械的基礎。只要明白了拳理，器械亦可以運用自如。

當然，對於投擲的、彈射的器械，需要經過長時間的鍛鍊，但用的戰術道理還是一樣。無極大槍尚不知是何門派的槍法，但無論是哪家大槍，首先必須通曉「圈」的意義，不然就不是真槍。

逢進必跟，逢跟必進

這是說步法的特點。前面已有論述，此處從略。

一裏找、二裏找、圈裏找、步裏找

這是走門子中的術語。「一裏找、二裏找」眼下還難以領會其含義。「圈」指雙方正前方的位置，正前叫「圈裏」，又叫「中門」。側外方（肘後）叫「圈外」，也叫「邊門」，有的又叫「盤門」。「圈裏找」是指發動攻勢時，先找空檔是在圈裏還是在圈之外。「步裏找」是指觀察對方的步法，根據其步法的形狀決定採取何種攻擊方法。

攔門打、進門打、翻門打、截門打

這是走門子的術語。前面已有論述，從略。

打活不打死

活指動，死指靜。彼靜必有備，也就是沒有戰機，這時進攻不易得手，待彼要動未動之際，就容易忽略防備，選此時機發動攻擊比較容易奏效。

避風如避箭

風是「過堂風」「溜檐風」。練功後，周身各部關節都已拔開，汗毛孔也張開，這時最容易被風寒侵襲，尤其是以上兩種風。此乃古人之說。

教上不教下，教藝不教話

這是古人保守，對技術進行封鎖，不使之外流，不願傳給不合自己理想之人。「上」指上肢「下」指步法。「話」指秘訣，「藝」指一般攻防技擊。技術是表面東西，秘訣則是精華。

拳打臥牛之地

這是指練功應以原地為主。

閃展騰挪，跟隨纏黏

閃展騰挪是指放長擊遠的遠距戰，跟隨纏黏是近身戰。前已有述，故略。

目頸心肋腎

這是人體最明顯的幾處薄弱部位。古人重武德，提出交手不准打擊這些部位。當然，在你死我活的戰鬥中，就不能以此為戒了，而且要專門攻擊這些要害部位，而自己的這些部位應當盡力保護。

巧拿不如拙打，打不如摔

以反關節為主拿動作距離過長，速度就慢，打不僅僅動作距離短，而且速度較快，解決問題比較簡捷，從這個角度講打勝過拿。

不過，在具備拿的條件時，當拿則拿。「打」有時並不能解決所有問題，出重拳又容易傷人，故採用摔法也很有效。若將對手摔倒在地，則彼完全失勢。故上乘拳法要求必以見倒為高招。據說具有「鐵布衫」功夫的人，不怕打，就怕摔。

彼動己靜，彼靜己動，彼動先動彼不動我必動

這是單傳的重要口訣之一。因口傳年久，不一定很準確了。可能多少有點出入，但其意大致如此。

這組口訣不是說功夫，也不是指招法，而是指在交戰過程中如何判斷戰機，如何尋找和把握戰機，指思維在實戰中的判斷能力。

掌握好彼此之間的動靜也就掌握了「知彼知己」，使自己立於不敗之地。但是，這種動靜的機會是在運動中的剎那間出現的，「稍縱即逝」，因此要運用好這個方法，

還必須以技擊方面的良好素質作為基礎。

打 人 先 封 眼

封眼不是打眼，是擾亂、迷惑對方的視線，使之失去攻防的目標。封眼多為虛晃一招。

交 手 要 訣

合一通臂，力發丹田。風擺楊柳，迷惑敵眼。高如高山，低若鼠竄。進欺退閃，跟隨黏連。目盯人中，手似流星。明奇須輕，暗偶則重。虛則單發，重則連擊。方則要輕，實則要重。打來不封，有空即入。人有陰陽，打其弱處。順步繞行，無形無相。上打天靈，下取小腹。左右掛肋，前後打胸。發手打裹，使敵心驚。動靜兼顧，有守有攻。出手要快，變換靈通。施展拳技，聲東擊西。步中有腿，勾踩蹬踢。圍而不攻，擠靠纏繞。旋轉天空，敵進必攻。傳而不講，講而不傳。有傳有講，只是一人。（單傳）

第八章
「燕子」郭長生傳下來
的精絕拳法及稀有兵器

　　郭長生由於有扎實的柔韌功和基本功法，又有天生的一付好腰身，槍、刀、劍、棍、拳練什麼什麼好看，十八般兵器樣樣精通，其中尤以以下「十絕」最為突出，應是郭長生的傳承精華。現分述之。

一絕———通臂拳

　　提起通臂拳，可稱是郭長生的第一絕活。滄州過去無人練通臂二十四勢。通臂拳是由郭長生於 1916 年引進並傳播的，因此，郭長生即是滄州第一位傳人，亦可算做滄州通臂二十四勢的始祖。現在，通臂二十四勢已成為滄州的四大拳種之一，名揚中外。

　　滄州通臂拳引進以後，郭長生在繼承前人先進智慧的基礎上，又加以潤色和修改，創新發展，使這一好拳種速度更快，爆發力更強，步法更快，實戰威力更強，並最終出現在世界武壇之上。郭長生參加了 1928 年全國第一次國考，以不敗紀錄取得了第一等「最優勝者」稱號。當時報紙介紹，「整個比賽共打了七輪，郭長生（郭燕子）沒被

任何人打中一下，與人比試不過兩個回合定把對方掀翻在地」。之後他培養的曹晏海，1929 年在杭州擂臺擊敗名震一時的上海灘大俠劉高升。繼之，1930 年在上海全國擂臺賽奪取第一名，成為當時的「武狀元」。

以上這些均依賴此拳的神威。

二絕——苗刀

郭長生的二絕當推苗刀。郭長生受聘任教中央國術館為一級教授，共 10 年，培養了大量的刀手，畢業後分赴各部隊充任武術教官。這些刀手，後來分赴抗日前線，就是用此刀法砍得日本侵略者鬼哭狼嚎，血流成河。

苗刀，既可當槍使，又可當刀用，它集刀、槍兩種兵器的特點，又可單、雙手交換執柄，故殺傷威力極大。非一般刀劍及其他短兵可比。所以，中國歷史檔案館保存的一份寶貴資料《苗刀考證》中說，迨明戚繼光將軍，「得此刀，改鑄精絕，傳之于其部下，殺敵致果，斬將搴旗賴此刀法，威鎮華夏……昔前南京中央國術館教授郭長生，係劉教習（指劉玉春，郭長生的恩師）秘授，故其技之玄奧，亦獨冠儕輩云」。也就是說，郭長生得其師劉玉春的秘授，論其技術玄奧使人琢磨不到，比起同輩的人和技術都是最好的。

郭長生在中央國術館任教期間，集一路苗刀之精華，又糅進了通劈二十四勢的先進步法——激絞連環步法，編創了二路苗刀。二路苗刀步法更活，連擊性更強，這樣，苗刀如虎添翼，更增加了實戰威力。

1991 年 7 月郭瑞祥應邀訪問日本，日本很多劍道高手得知這一情況，從東京、名古屋、大阪等地趕到沖繩，提出要郭瑞祥表演祖傳二路苗刀。郭瑞祥答應了這些日本朋友的請求，在中日武術交流大會上表演了二路苗刀。表演後，這些劍道高手紛紛稱讚，表示嘆服。

郭長生還編創了苗刀進槍對練套路，填補了苗刀自古以來沒有對打套路之空白，這也是郭長生作出的貢獻。

三絕———劈掛拳

郭長生的劈掛拳，亦可稱為一絕。「七七事變」爆發時，郭長生正在家中歇伏，沒跟中央國術館向大後方搬遷。但他也從沒給日本人做事，而是傾全身心地致力於劈掛拳的修編工作和教育二子學練劈掛拳。修整以後的劈掛拳，面貌一新，神韻倍增，以速快、步活、爆發力強出現於中國武壇。

郭長生之子郭瑞祥承父業、傳播此拳，取得了良好的效果，80 年代郭瑞祥的弟子王志海在全國武術比賽中，奪得劈掛拳、瘋魔棍等 6 枚金牌；另一學生王華鋒，在全國武術大賽中，先後奪得 5 枚金牌，由於成績優秀被北京體院錄取，現任北京體育大學武術教研室主任。

郭瑞祥積極回應「把武術推向世界」的號召。1981 年日本青年古謝雅人慕名來滄州，找郭瑞祥學習劈掛拳和瘋魔棍，1988 年在全日本武術大賽中，劈掛拳獲得了第一名，得金牌 1 枚，1989 年又在全日本武術比賽中，獲劈掛拳、瘋魔棍兩個第一名的好成績。另一個日本女青年秋山

幸子，1989 年她在全日本武術大賽中，就獲得了劈掛拳第一名。1990 年，她又在全日本武術大賽中，榮獲劈掛拳和瘋魔棍兩個第一名。2001 年韓國學生李相俊也經少林寺來到滄州找郭瑞祥學習劈掛拳，之後又邀請郭瑞祥訪問韓國，繼續對該拳進行深入探討。學成後，他於 2002 年參加了在中國舉行的亞太地區五國武術比賽，劈掛拳奪得金牌。由此，郭長生的劈掛拳在國內外名聲大震。

1995 年劈掛拳被評為全國十大優秀拳種之一。國家體育總局、武術管理中心和武術研究院，責成郭瑞祥編寫《劈掛拳》一書，作為國家傳統優秀武術規定套路。1987 年河北省滄州文教局決定武術進學校，在滄州所轄各縣市將武術納入體育課內容，小學生學習八極拳，中學和中等專業學校學生學習劈掛拳和瘋魔棍。

郭長生遺留的劈掛拳正在國內外開花結果。

四絕———青萍劍

由於郭長生具備通臂拳的柔韌功，上、下肢的關節、韌帶都比一般人柔活，所以腰身特別好，步法也靈活捷健，所以，武壇上有「郭燕子」之美稱。這樣演練就比別人瀟灑優美，技藝水準蓋過一般人。而且，三才劍、青萍劍練的好，六趟青萍劍亦堪稱一絕。20 年代在中央國術館拍過電影（那時剛有電影），1962 年在文化館演練第四趟青萍劍（難度最大、水準也最高的一趟），觀眾「掌聲如雷鳴，喝彩聲如濤吼」，可謂盛況空前。

青萍劍，是劍中的好劍，共六趟，其中第四趟水準最

高，難度也最大，尤其其中的「葉底發花」「雙飛蝶舞」，沒有好腰身是練不了的。昔日郭長生演練此劍，人隨劍去，劍隨人轉，如行雲走霧，游龍飛鳳一般。

第四趟青萍劍動作名稱如下：

青萍劍第四趟

白馬分鬃	聽風獨立	馬後穿山
沉星落地	轉身取寶	流星趕月
野馬回鄉	走馬觀山	雙飛蝶舞
秦王抹旗	倒提金鑪	趕山填海
葉底發花	順手牽牛	昆山投石
春風吹柳	反身取寶	蝴蝶雙飛
童子獻書	雌雄交勝	黃龍轉身
馬後揮鞭	白猿出洞	烏鴉就地
危中求生	鷺飛滿天	易地龍舞
回馬獻瑞	瞬息求生	坐步領衣
馬前斬草	寒光沖天	馬後斬草
從身大勢	金人獻劍	猛虎伏崖

五絕———左把陰手大槍

郭長生的左把陰手大槍，也可稱一絕。據原南京國術館學員吳江平說，這種槍較一般槍要長，長度是一丈零八寸，碗口粗細，非有力者拿它不動，別說練習了。昔日郭長生老師在中央國術館演練此槍，抖動起來，槍頭槍纓上

下飛舞，煞是壯觀。可是此槍已失傳，因為一般人拿不動，漸無人練。因為此槍前把一般用左手，手背向上，小指在前，故稱左把槍或陰手槍。

六絕———吃槍拐

郭長生還有一絕，就是吃槍拐，是劉玉春大師傳給他的。武術諺語中有「槍是兵中之王」之說，就是說武術器械要數槍殺傷力最大、最厲害，這種吃槍拐，是專門對付槍的，共兩把，一手使一把。

七絕———護手雙鈎

鈎也叫護手鈎，一對，一手握一個。這種器械不好練，非有好腰身不能演練。因把手外有月牙，把後端又有鈎尖狀鈎端，弄不好會勾掛自身。

郭長生練此器械也稱一絕。郭長生不但演練起來如龍飛鳳舞，鈎掛不著自身，而且還經常穿著大褂練鈎，人稱「郭燕子大褂鈎」。郭長生將此鈎教給了滄州的祁鳳祥，祁鳳祥後人練此鈎，在河北省拿過第一，在全國拿過金牌。

八絕────方天畫戟

　　郭長生練戟亦稱拿手好戲，演練起來左右挖攔，上下翻飛，如行雲流水，龍飛鳳舞一般。昔日郭長生在中央國術館教給了南皮的楊保興。新中國成立後，楊保興教給了滄縣孫吉良。孫吉良1987年在天津市舉行的全國武術比賽中演練這趟戟獲得金牌。

戟的動作名稱

出式：定膝槍、呂布托戟

原槍紮敵　觀其眉，

懷中抱月　觀敵人，

左右挖攔　上下找，

青龍出水　翻身挑，

燕子朝水　撩陰棍，

裏韁擺棒　轉身挑，

外纏出步　順槍勢，

百步中平　抖鋼銼，

舞花鶯轉　撲地緊，

中步托槍　藏肋下，

百步擒槍　兩相交，

回身提柳　撩刀勢，

百步點槍　指心虎，

舞花指路　到雲霄，

舞花鶯轉　撲地緊，

葉裏藏花　轉身挑，
撥草尋蛇　釣魚勢，
回馬提鈴　燕後掃，
換手飛戟　轉身刺，
前進翻身　貓撲鼠，
後戟翻身　下掛紋，
後有鷂子　穿林宵。

九絕———雙頭蛇

雙頭蛇，即雙頭槍，也是郭長生的絕活，郭家傳統武術器械。套路中尤以「舞花鬙出下紮槍」「過蹚川花槍」「退步串梭槍」「背棍旋風腳」「結肚川賢」「前後十字披紅」較困難，一般人做不到。

雙頭蛇套路動作名稱如下：

出勢；左手背槍；上步舞花右背槍；轉身撲槍；後紮槍；迎面刺槍；後踢腿紮槍；行川步；踢腿紮槍；舞花背槍；行步掃蹚後偷步刺紮槍；轉身埋伏；敬德倒鞭；轉身蹂跺上步紮槍；過蹚川花槍（玉女穿梭）；轉身鬙出後紮槍加旋風腳；蹂跺刺紮棍；退步串梭槍後再向南舞花；後十字披紅；偷步盤後紮槍；鷂子穿林；立正舞花後手背棍加旋風腳；雙手持棍過雙腳；窟窿拔繩；後坐盤後紮槍（古樹盤根）；上步打花；前十字披紅；川梭槍；上步舞花；右手後背槍；交左手上舞花；收勢。

十絕———瘋魔棍

瘋魔棍是郭長生在中央國術館任教期間，集苗刀、奇槍之精華，糅進了通臂拳先進步法———激絞連環步法而編創的。瘋魔棍的出現，填補了劈掛拳自古以來沒有長短器械的空白，這是郭長生在中國武術方面作出的一大貢獻。新中國成立以後，郭瑞祥的弟子王志海、王華鋒在全國武術大賽中，二人共獲得了 10 枚金牌。郭瑞祥的日本學生古謝雅人和秋山幸子在全日本武術大賽中又獲得 4 枚金牌，從此瘋魔棍步入國際武壇，影響頗大。日本《武術》雜誌，曾把瘋魔棍譽為「如疾風怒濤的實戰棍法」「中國最有名的四大名棍之首。郭長生在南京中央國術館編創此棍時，曾得到郝鴻昌（中央國術館學員，後畢業留教）和安徽省程健（原中央國術館學生）的協助。

瘋魔棍的風格及特點

瘋魔棍棍勢樸實，不尚花招，動作迅猛變化敏捷，快慢相向，攻防有度。演練時，如瘋似魔，棍走風響，兩腳生煙，進身走步敏、鑽、黏、連，身腰輾轉其快似電。形無定勢，動無虛招，勢如大河流水起伏跌宕，一瀉千里，勢不可擋。

瘋魔棍全套動作集刀法、槍法及棍法之特點，交替貫串始終，使之結構獨特，棍法巧妙，變化多端。時而槍紮一線，棍打一片，要求身棍合諧，發力順猛，開合爆發，步法連環，靈活多變。其中棍法的滾、劈、擰、扣，步法

的進退趨避，無一不從攻防出發。

此棍在滄州很普及，不論什麼門派都學習瘋魔棍。1988 年開始已被滄州文教局選定作為各級中學和中等專業學校武術課的中級必修教材。1999 年由國家體育總局審定為優秀競賽規定教材。

此棍長度以高出自身 8～10 公分為宜，棍分前、中、後三個部分，演練時，力點要準確，梢、把要分明，起止、虛實要分清。

瘋魔棍動作名稱

托槍上陣	老翁砍柴	翻身提撩
左右挑打	力劈華山	轉身肩棍
起身直刺	豬龍拱地	翻身直刺(黑白鷂子)
轉身刀出鞘	回身摔棍	大轉身摔棍
上步劈打	左摔棍條	轉身撲棍
摘心挖眉	右摔棍條	太公執竿(釣魚勢)
騎龍勢	窩心棍	橫槍勒馬
大銑掘地	打花轉身架棍	回轉瘋魔
老馬上任	烏龍攪柱	舞花轉體
老翁耬田	孤雁出群	撒步劈砸
老虎撅尾	敬德倒拉鞭	左托坯
退步蓋頂	轉身力拔風捲殘雲	右托坯
上步舞花	上步攔腰	劈挑棍
折腰摸架	摔棍條	烏龍翻江
轉身撲打	背棍舞花棍	舞花收勢

郭長生遺傳下的稀有兵器

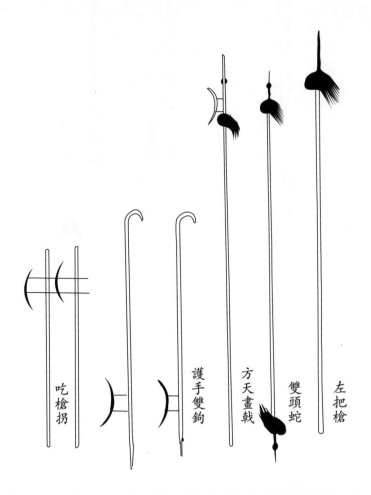

吃槍拐

護手雙鉤

方天畫戟

雙頭蛇

左把槍

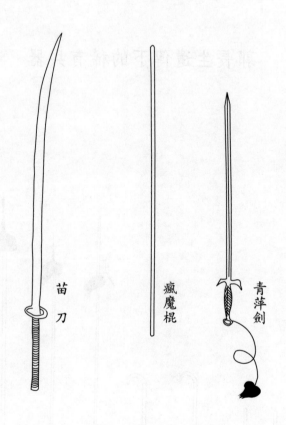

苗刀

瘋魔棍

青萍劍

第九章
名人軼事

一、呂二爺

　　呂二爺，佚其名。獨流鎮杜嘴子村人。幼年習武，後給當地富戶看管墳地。據說墳地裏的地歸呂二爺種收，不另給工錢。呂二爺習慣於每天子時練功並持之以恆。一天，正在子時練功，發現不遠處一白髮老僧觀看。呂二爺心想，這絕不是一般凡人。即上前施禮，提出拜老僧為師學習武功，老僧再三推辭不過，即答應呂二爺的要求。自此每天子時，老僧準時到墳地教授呂二爺武術。一晃幾年過去，一天，老僧突然說：「明天我要走，你已功成業就，以後咱後會有期。」呂二爺聞言大驚失色，馬上給老僧跪下，再三挽留。老僧意已決，一定要走。

　　在這件事上，令人費解的是老僧沒留下真實姓名，姓甚名誰全然不知，又沒僧名法號，老僧來自何處，又去向哪裡，均成為謎團。呂二爺痛哭流涕地問老僧：「您走以後我供誰呢？」老僧思索一會兒說：「你就供達摩吧。」說完又說了一句：「由此向北，勝芳鎮有你一個師兄。」

所以後來獨流練通臂拳的人都供奉達摩老祖。可多少年後，也沒找到勝芳鎮那個練通臂的呂二爺的師兄。

這件事我們的推斷和理解是當時滿清進關統一天下後，各地受正統觀念的影響，反滿情緒異常高漲，起義此起彼伏。一些身懷絕技的起義領袖在起義失敗後，隱姓埋名，出家當了和尚，雲遊四方，這樣可免遭殺身滅門之禍。這位高僧可能就是身懷絕技的起義領袖，為免遭殺身滅門之禍而雲遊四方，並將絕技傳給呂二爺。

所以對於獨流通臂，大夥都說係「仙傳」。呂二爺將通臂傳給李登弟，陪練人叫李士閃，其二人一付架。

二、李登弟

李登弟，獨流通臂拳第二代單傳之人。與李士閃二人一付架，即李士閃是李登弟的陪練者，也稱餵手的。李登弟最初是個貨郎，以賣針線、化妝品為生。自藝成後，改為鉅賈富戶保鏢。李在保鏢期間，曾征服了當年平原地區江洋大盜「燕尾子」，燕將自己的裹腿贈給李為鏢旗，從此李登弟的鏢船在全國南七北六十三省通行無阻，就是通過滄州一樣高喊「鏢趟子」（昔日保鏢凡過鄉鎮、關卡、碼頭，都以「耀武揚威」一詞高聲喊唱，這就叫「鏢趟子」，以示威風。但古來過滄州則不許喊叫，違者就要遇到麻煩，因為滄州一帶武藝高強之人很多，一般人不得不退讓三分），從此獨流的武術名聲大振。

這樣也激發了獨流好武的風尚，當年差不多的獨流人都有兩下子。在靜海一帶就有「獨流別動手，楊柳青別動

口」的順口溜，也有「天下把式數李登」之說。

獨流人尊稱李登弟為「李登爺」，傳說很多，「李登爺一拳打死一頭壯牛」是其中之事。這說明李登弟功成業就，具有通臂神功。

獨流鎮是天津市西郊靜海縣的一個鎮，距縣城 20 華里。它東鄰天津、南靠靜海縣城，西鄰王口大窪、勝芳大窪和洋汾港，有名的京杭大運河在這裏經過，與子牙河、大清河在這裏匯合，注入天津海河，在大沽口入渤海。所以清朝末年，水旱碼頭比較繁華，村人尤以玩船的、從事水上運輸的較多，是天津西邊比較有名的水鄉。

在獨流街裏流傳著李登弟怒懲皇糧隊的說法。據說李登弟當年駕小船送女兒去三裏莊的婆家。當船沿運河向南行駛到五裏莊一帶，適與皇家運糧隊相逢。船隊中的不良分子口出穢語，污辱李女，由此引起皇糧船隊百十人群毆李登弟父女二人。皇糧隊認為自己人多，又是給皇上運糧，氣焰非常囂張。

可是動起手來，這一群人哪是李登爺父女的對手，被打得抱頭鼠竄。後來船隊依仗官府勢力，誣陷李家父女劫皇糧。此事幸被三裏莊的屬××得知，屬××是乾隆的老師，他乘轎趕到出事地點，才平息了這場風波。

李登弟將通臂拳授予楊學仕和呂憨舉，後者人稱「呂憨爺」。

三、劉玉春

劉玉春，河北省靜海縣獨流鎮人。1848 年生（清宣宗

道光二十八年），1927 年去世，享年 79 歲。因劉玉春戊申年生，屬猴，故人尊稱他為「申爺」。

劉玉春身強力壯，個頭很高，大約有一米九以上。虎背熊腰有神力。

江湖上稱他為「常勝將軍」。還有一個外號：「拳打關東，腳踢直隸，威鎮大江南北的常勝將軍劉玉春。」早年從呂憨舉、李登弟、楊學仕等通臂名家學通臂拳，後向桑園謝晉汾學苗刀、左把槍、鹿角拐，故後人謂劉玉春為苗刀、通臂、左把槍、鹿角拐四絕的傳人。

他小時撐過船，成年時保過鏢。一次，壓船鏢行至河北吳橋桑園鎮古運河東岸，因罷裝卸與眾腳行發生衝突。一百多腳行見劉玉春只是一個人，便群起攻之，形成包圍圈蜂擁而上。只見劉玉春不慌不忙，照迎面上來的腳行只是一個前劈，正打在對方臉上，這個腳行向後一仰臉，出去一丈多遠，來了個仰面朝天跌落塵埃。劉玉春並沒有停手，向後一個反劈手背正打在後面一個腳行的面額，只聽對方唉喲一聲，向後一仰身。說時遲，那時快，劉玉春一個右手撐雲撐到對方胸口，這下出去兩丈開外，來了個仰面朝天，手捂肚子，只喊「大爺饒命」。劉玉春又使個少捶，一上右步，向左轉身，抓住另一個腳行的後背向空中提起，使出轉身扔沙袋功夫，一鬆手，丟到河水中。其他腳行見此陣勢，誰也不敢貿然前進。

正在這時，只見岸邊高處，一位長者大喊：「小的們，住手！」然後下岸拱手說：「壯士息怒，小子無禮冒犯了。請問尊姓大名。」等劉玉春報過姓名，遂邀為上賓，請到家裏飲茶。於是便有上文以通臂換苗刀之話。以

後兩人結為金蘭之好。

這個時候是民國初年，各地軍閥占地稱霸，擴充實力。劉玉春的武功在江湖上傳開後，為大軍閥曹錕所賞識，特聘劉玉春為三省巡閱使兼直隸總督署保定衛隊營苗刀連武術教官。1923 年，曹錕透過賄選當上了大總統，劉隨曹進駐中南海。劉玉春為總統府衛隊營苗刀連連長兼苗刀教官。同時，在曹錕武術衛隊營任教的有佟忠義、孫玉山、劉崇凌等。

劉玉春門徒眾多，其中最為出色的要數石慶山、趙世奎、郭長生、蕭福善、陳國祥，號稱劉玉春手下的五虎弟子。

四、任向榮

任向榮，河北靜海獨流人。人尊稱「任向爺」，和劉玉春為同輩人，且被選定為劉玉春的單傳陪練人。此人尤以苗刀和通臂拳等著稱。據傳，任爺在保定總督署東街（箭道）打「撐拳」，他從南頭打，在相隔百公尺的北頭聽到咚咚聲響。獨流人傳言「任向爺打撐（通臂二十四勢一個招法）可一丈開外滅燈。蹲在井口打水，能聽到井裏水響」。

任向榮早年做保鏢，後隨師兄在保定大軍閥曹錕部衛隊營教苗刀。喜歡其徒侄郭長生。據郭長生談：「自己有好東西，得益於師叔任向榮。」

任向榮，「鞠躬架子」打得好，有獨到之處。「鞠躬架」是古代禮節的動作，一般叫「作揖」，文詞叫「頓

首」。都是古代武術界表演或比賽上場的禮節。

任向榮把此勢作為通臂拳主要招法之一。

其動作是：雙拳合抱一起，上招當胸，高舉過頭，用法可上擊，可下砸，可左右扭摔，更可向前衝擊。其衝撞力極強。一般與人交手只一下就能克敵制勝。再就是他善用激步勾子，與人交手兩丈開外，用此招，可把人遠距離踢翻在地。

五、張之江先生對通臂拳的發展功不可沒

張之江先生，滄州鹽山人。字子薑，又名子岷，別號天行，教會號保羅。1881 年農曆七月二十一日生於鹽山縣，留老人村。1966 年病逝於上海。早年隨其曾祖攻讀，後入北京北洋常備軍學軍事。1912 年在北京將校講武堂研究所畢業，曾任排長，北洋軍政府第一騎兵指揮官。參加過 1911 年的灤州起義，參加過雲南起義，任護國軍阻擊兵團團長，後升任第十六混成旅旅長。1924 年，馮玉祥發動北京政變，任前線總指揮，1926 年任西北邊防軍督辦兼國民軍總司令，是西北軍五虎上將之首。1928 年任國府委員，是西北軍全權代表。

1928 年，倡導創辦中央國術館任館長。任館長期間，聘請郭長生武術大師蒞館任教，對發展通臂拳和中國苗刀作出了突出貢獻。1928 年底舉辦了舉世聞名的全國第一屆國術考試（第一屆國考）。由於郭長生代表中央國術館參加了比賽，並打入「最優勝行列」，因而對郭長生倍加器重。曾在第一屆國考閉幕式上表彰郭長生的「讓德之

風」。之後郭長生的弟子曹晏海，代表中央國術館參加了1929年舉行的杭州擂臺賽，一舉擊敗名震一時的「江南銅頭鐵臂大俠」劉高升。繼之又代表中央國術館參加了1930年在上海舉行的全國擂臺賽，力克群英，奪得了這次擂臺賽的第一名，成為當時中國的「武狀元」。

由於以上大賽的殊榮，都是代表中央國術館參加而獲得的，所以張之江親自贈送給郭長生一口龍泉寶劍。這口寶劍削鐵如泥，可斷一般刀劍，十二個銅板疊在一起，手起劍落，一分兩開。劍上錯金銘文，上款：「郭長生仁兄留念」，下款：「中央國術館館長張之江贈」，以示對郭長生本人以及授徒有功的表彰，並在表彰大會題出八個大字：「通臂科學，藝高技絕。」

據張之江的內弟龐玉森先生說，張之江對郭長生非常器重，職定為中央國術館一級教授，月薪150元大洋。加上在外交部兼職，每月收入300元大洋，成為國術館中工資最高的人之一。

之後不久，張之江應郭長生的推薦把劉景雲（郭長生的恩師劉玉春的孫子），從上海請到中央國術館任教授，教授通臂拳，可見張之江先生對通臂拳推崇有加。

六、「燕子」郭長生

「燕子」郭長生，為一代武術名師，以其著名的劈掛拳、通臂拳、苗刀等技藝享譽武林。

滄州武豪中，有一位高師，名叫郭長生，人稱「郭燕子」，全國聞名。他的軼事趣聞在民間廣為流傳。

1. 應招苗刀營

民國初年，各路軍閥占地稱霸。當時的大軍閥曹錕為三省巡閱使兼任直隸總督，坐鎮保府（今保定）。這天晚上，曹錕正在燈下批閱文件，突然房門大開，隨著一股冷風，旋進一個蒙面人來。曹錕一驚，急忙摸槍。蒙面人一聲喝：「且慢！」曹錕乖乖住了手，如見鷹的兔子，驚乍乍盯著蒙面人。蒙面人中等個頭，身穿夜行短衣，手握兩支金鏢，虎氣生生，一看便知此人身手非凡。蒙面人壓低嗓門道：「大帥莫怕，只因朋友有難，特來府上求借五百塊大洋。」曹錕一聽來人並無加害之意，忙道：「此事不難！只是兄弟屋中空空……可否明晚來取？」蒙面人十分爽快：「好吧，一言為定！」說完，轉身颼地沒了影兒。

第二天曹錕果真準備了五百塊大洋，分別裝在兩個箱子裏。為防不測，四處遍佈伏兵。天黑後，曹錕照舊坐在公案前，不時看看掛鐘，心中忐忑不安。半夜時分，忽聽房上一陣響動，眨眼間蒙面人已站在面前。曹錕不由暗暗佩服此人的膽量。蒙面人開口道：「大帥，我來取錢了！」曹錕指指桌子上的兩個皮箱道：「五百塊，分文不少！」蒙面人並不說「謝」，走過來抓起皮箱，往胳肢窩下一夾，趔身就走。曹錕一擺手道：「慢！請問壯士高姓大名，寶鄉何處？咱們交個朋友如何？」蒙面人哈哈一笑：「我麼，家住滄州，人稱『飛雲燕』，好了，後會有期！」說完，雙足點地，眨眼已到院中。幾個衛兵闖出來，舉槍就要打。曹錕急忙喝住，擺擺手：「隨他去吧！」

蒙面人走後，曹錕心裏很不是滋味：「想我衛兵數

百，竟沒一個這等高人！如果能得此人做我的護衛，何愁日後安危！」

事後，曹錕決定在滄州招五百新兵建衛隊營，其目的是尋找蒙面人。

這天早飯後，一聲鑼響，應試開始。只見台下一陣風，旋上一位黑衣小夥，衝著主考一拱手，摺開架式，走起場兒來。只見他二臂如輪，腳底生風，忽東忽西，打無定向，穿梭往返，令人眼花繚亂。主考端坐擂臺一角，看著小夥子的表演，臉上也露出了笑容。常言說，龍眼識珠，牛眼識草。主考憑著一雙慧眼，看出此人素質極好，功底不淺，如放在爐中再淬淬火，將來定是塊不可多得的好材料。等小夥子一練完，便起身走過去，連連祝賀。紅筆一點───錄取了！

台下一片歡呼。這小夥子就是郭長生！消息飛報馬道街，為人幫工的母親高興得流下淚來。她最瞭解自己的兒子，從小脾氣倔強得像頭牛，雖家境貧寒，但立志習武，要做一個有利於國家民族的人。他十幾歲拜在劈掛拳武師趙世奎的門下，十八歲便在滄州出了名，人稱「小燕子」。郭長生是位熱血青年，孫中山先生提出提倡武術、強民強種的號召，對他影響極大，決心走這條路。

郭長生來到保府，被編在曹錕苗刀營，接受了系統嚴格的訓練。劉玉春見郭長生是個人才，收為弟子，向他傳授苗刀、左把槍、三才劍、通臂拳二十四式。郭長生天資聰穎，加上原有的武術底子，一點就透，進步很快。劉玉春異常歡喜，常常捋著鬍鬚向眾人誇耀：「我的徒弟上千，將來給我露臉的只有長生！」

俗話說：「師傅領進門，修行在個人。」郭長生習武真有點兒「拼命三郎」的勁頭。每天黎明即起，帶上一個黑皮碗和一條羊肚子手巾，擦下汗後擰入碗中，直練到擰滿一碗汗水為止。校場西邊有一棵白楊，郭長生天天在樹下練功，乏了，就順勢靠在楊樹上歇息，天長日久，這棵樹竟然由綠變黃，慢慢枯死了。「郭長生汗水澆死白楊」的事，一直在軍營中傳為佳話。

2. 仗義除「壞劉」

曹錕衛隊中，有一個姓劉的武士，膀大腰圓，武藝超群。這小子倚仗著曹錕的勢力，橫行霸道，無惡不作，老百姓都讓他害苦了，暗地裏叫他「壞劉」。

話說這天，軍中放假，郭長生來街上買東西，遠遠望見一堆人，還夾雜著姑娘的哭聲。郭長生急忙走過去，正和壞劉撞了個滿懷。「壞劉」並不搭理郭長生，匆匆而去。郭長生擠進人群，見一年輕姑娘正趴在一老漢身上痛哭，一問，方知這是賣桃的父女倆。「壞劉」買桃不但不給錢，還出口傷人。老漢講了幾句理，「壞劉」性起，一拳打在老漢胸口上，當場氣絕身亡。郭長生聞言氣極，欲伏身去攙扶姑娘，不料姑娘哭昏了頭，看花了眼，見郭長生穿著軍衣，錯把他當成兇手，一把揪住，哭喊著向他要爹爹。郭長生忙向姑娘解釋，並掏出僅有的五塊大洋，安慰姑娘道：「這點兒錢你先收下，給老人買件入殮衣裳，這個仇，一定要報！」

郭長生憤憤返回營中，找恩師述說此事。劉玉春也是位豪傑，聽後怒形於色，當即和郭長生一道去找曹錕，要

求嚴辦兇手，為民申冤。曹錕哼哼哈哈，不以為然，反怪罪二人胳膊肘往外拐。郭、劉二人悻悻而回，暗罵曹錕太不仗義。

由於曹錕手大摀天，這樁人命大案便不了了之。後來「壞劉」知道郭長生曾給他使了絆子，氣得七竅生煙，大罵：「姓郭的，看老子怎麼收拾你！」

時隔不久，「壞劉」果然尋到了郭長生頭上。他三次差人給郭長生傳信，以「切磋武藝」為名，要跟郭長生見個雌雄。郭長生明白「壞劉」的用意，心中暗道：「哼，你下夾子逮老鼠，我也不是耍花槍的裝飯袋，我這裏正架著老鷹尋你呢！」當即告訴傳信人，約好明天校場後大槐樹下會面。

郭長生把這件事告訴了師傅。劉玉春沉吟半晌，斬釘截鐵地說：「長生，自古武不善作，打狼不死狼傷人，去吧！」

第二天上午，校場大槐樹下圍了幾百號人。郭長生和「壞劉」準時來到。仇人相見，分外眼紅。只見「壞劉」一雙惡狼般的眼睛死死盯住郭長生，那架式，像是要吃人。郭長生反而感到好笑。說時遲，進招快，「壞劉」哼了聲，劈頭蓋臉，就是一招兇狠的「迎面上步掌」，想一掌置郭長生於死地。郭長生眼快身疾，右腿往左一斜，避過了拳鋒。二人你一招我一勢地在校場上格鬥開來……一個存心報復，欲吐心中惡氣；一個胸懷正氣，誓為百姓除害。拳出奪人命，發招不留情，好一場你死我活的惡鬥！「壞劉」攻勢兇猛，郭長生防守有術，「壞劉」始終不能得手。打了幾個回合後，「壞劉」見明招不行，便來了暗

的，虛晃一招兒，強闖正門，「下把撩陰」。在這種情況下，往左右閃都不行。好個郭燕子，迅速往後一坐腰，颼———，躍出一丈多遠。「壞劉」也不含糊，點足追去。他見幾招都被郭長生躲過，使出了更狠毒的「雙峰貫耳」。郭長生早有提防，心中暗道：「此時不懲罰你這個惡棍更待何時！」他往後一仰身，飛起右腳，一招「穿心連環腳」，猛地朝「壞劉」的小腹踢去，「壞劉」只顧上盤進攻，沒防這一招，竟被踢出一丈多遠。只聽「當」的一聲，疼得他手捂小腹，滿地亂滾。圍觀的人無不拍手稱快，齊聲叫好。郭長生整整衣襟，衝著「壞劉」冷冷一笑，揚長而去。

再說大軍閥曹錕，見郭長生三招兩勢懲治了「壞劉」，並未怪罪。他琢磨著，此人武藝高強，若調來做貼身護衛，那自己的人身安全不就有保障了嗎。想到這兒，他喜笑顏開，立即傳令劉玉春速調郭長生到後府為曹錕的貼身護衛。

1924 年馮玉祥發動北京政變，驅逐曹錕下臺，郭長生又被選中到鹿仲麟部任隨從副官。時間不長，郭長生見軍閥混戰，民不聊生，憤然棄官，回家閒居。

3. 馮玉祥親贈龍泉劍

1927 年，南京組建中央國術館，郭長生抱著「武術救國」的夙願，以優異的成績考入，並受聘擔任苗刀教授。

1928 年，國術館舉行第一屆武術表演大賽，馮玉祥將軍是積極的支持者和籌畫者之一。當時他和館長張之江研究，準備從四百名參賽者中選十五名優勝者給以獎勵。大

賽這天，國術館體育場擠滿了前來觀陣的人。

　　郭長生出場了。他穿一身青色褲褂，精神抖擻，練的是劈掛拳的快套。這種拳的特點之一就是快、猛，有迅雷不及掩耳之勢。只見他二臂如輪，遊無定向，擊無一點，聲東擊西、指南打北，形如墨燕點水，疾如鱔魚穿梭。一式未了，全場便響起雷鳴般的掌聲。張之江又驚又喜，忍不住站了起來，翹著大拇指連連讚歎：「果真是名不虛傳的郭燕子！」郭長生最後以精絕的「烏龍盤打」的「軋打」結束表演，再一次獲得熱烈的掌聲。馮玉祥非常高興，連連讚歎「好功夫」。下一個表演者是楊松山，楊松山也以精湛的武功獲得了熱烈掌聲。

　　這次表演賽獲獎者最後定為十七名。由於只準備了十五份獎品，少兩個人的。馮玉祥差人買了兩口龍泉劍，以特別表演獎親自贈給了郭長生和楊松山。

4. 寧死不當亡國奴

　　「七七事變」後，日本帝國主義侵佔了整個華北平原。當時郭長生正在家中，由於交通中斷，再沒回南京，一家幾口人只好靠他過去微薄的積蓄維持生活。然而積蓄是有限的，日子長了就鬧起饑荒。這時有個好心人出面勸郭長生別端著金碗要飯吃，讓他去輔輪學校任武術教員。輔輪學校是滄州的一所鐵路學校，是日本人開辦的，從校長到教員都是日本人。郭長生不聽則罷，一聽要讓他去為日本人幹事，當即一拍桌子，震碎了一摞碗，他氣呼呼地說道：「要我給小日本幹事，除非日頭從西出！」

　　骨氣是骨氣，鍋裏沒米亦是事實。無奈，郭長生只好

狠心把15歲的大兒子瑞林送到天津去當學徒工，二兒子瑞祥才8歲，就讓他去滄州冬菜廠拾菜幫子，揀煤渣，勉強湊合著度日子。

這天午飯，郭長生撂下飯碗，拿出他那把心愛的苗刀擦拭起來，突然一聲門響，進來兩個戴禮帽的人，兩人賊眉鼠眼，東張西望，一看就不是好東西。郭長生不由得警覺起來。二人皮笑肉不笑地嘿嘿了兩聲，其中一個公鴨嗓子開言道：「你就是聞名全國的郭燕子？久仰了！」郭長生看了二人一眼，一邊擦刀，一邊不冷不熱地說：「二位登門，有何貴幹？」公鴨嗓子擠擠眼，道：「無事不登三寶殿，告訴你，兄弟奉太田司令之命特來聘請你為苗刀教官，恭喜了！」

郭長生聞聽不由得一愣：「啊？太田？他不是日本鬼子駐滄州的最高司令官嗎？這個劊子手！」

公鴨嗓子見郭長生沉默不語，挺認真地說道：「噯，你還不知道吧？太君也久仰你的刀術，他說只要你答應，他願每月花一百五十塊大洋聘你。這個數比南京國術館薪水還高，這可是打著燈籠也找不到的好事啊！」的確，薪水是不低，可是那錢是臭的，是髒的！郭長生恨恨想著，仍不言語。公鴨嗓子有些急了，「你這個人是傻子吧？這年頭有奶便是娘，你看看這飯食，白菜幫子煮麩子，狗全不吃！你要為皇軍做了事，金票大大的，老婆孩子還能受這份罪嗎。」

半天，郭長生站起身來終於說話了：「謝謝二位的好意，請你們回稟太田司令，郭長生徒有虛名，武藝淺薄，請他另選高明吧！」

二人聞聽，當即翻了臉，「嚓」掏出手槍，公鴨嗓子道：「姓郭的，你別不識抬舉，這是太田司令的命令，你敢違抗？皇軍殺個人就像捏根草，走吧！」

　　全家人一看要把人押走，嚇得大哭起來，母親和妻子知道長生的脾氣，屬石頭的，寧折不彎，此去凶多吉少……

　　郭長生被帶進了太田司令部，太田四十多歲年紀，個頭不高，留一撮仁丹胡，看相貌倒不甚凶惡。他很客氣地讓郭長生坐下，唰———抽出挎在腰間的日本軍刀，用生硬的中國話跟郭長生講起日本軍刀的來歷。原來日本軍刀是中國的苗刀演變而來的。唐宋時期，苗刀傳入日本，到了明代，倭寇侵擾中國的沿海邊疆，使用的就是苗刀，不過已帶有日本的風貌。現在日本軍刀就是由當年的倭刀演變來的……

　　一進太田司令部，郭長生就抱定了死也不當亡國奴的決心。太田跟他說話，他只哼哼哈哈，並不多說一句。從談話中得知，太田不僅精通中國的太極拳，還精通刀術，特別是苗刀，難怪他捨得花那麼大本錢呢！郭長生心中暗道：「看樣子太田聘我是不容改變的，若我改變初衷違心地答應下來，雖可保全性命，榮華富貴，可那還算人嗎？那還是我郭長生嗎？但不答應又怎麼辦呢……」他思前想後，靈機一動，衝著太田：「太君，你的盛情我領了，不過我有個條件。」

　　「講！」

　　「我也早聞你是位苗刀高手，我讓你進攻三招，如果砍上我，長生俯首聽命；若砍不上，那就恕難從命！如何？」太田聞聽，想了想道：「唔，好的，我的，正要見

識見識！」說完，目露凶光，一把抄起閃亮的軍刀，雙手緊握，一步步逼了過來。

郭長生提出這個冒險的條件是有自己的考慮：日本軍刀鋒利無比，削鐵如泥，若被砍上，不死即傷，這樣就可寧為玉碎，不為瓦全了。

太田一步步逼了過來。郭長生哪裡知道，早在日本帝國主義發動侵華戰爭前，為了培養武士道精神，軍中曾進行過一場駭人聽聞的實戰拼殺。刀對刀，槍對槍，自相殘殺。太田以精絕的「三絕刀」劈死過四個與他較量的高手，從而獲得官晉一級的獎賞。這「三絕刀」是苗刀的精髓，即：左撩刀、右撩刀和迎推刺。

再說太田逼近了郭長生，他知郭長生是位高手，精通苗刀，所以並不明劈，而是暗下毒手。只見他大叫一聲，一個上步，唰———，上來就是一個撩刀。這一刀，出得兇狠，速度極快。好個郭長生，見軍刀斜撩而來，身體猛向右側，隨即跨身一步，撩刀走空。太田見一刀不著，一翻腕子，唰———，緊跟一個左斜削。這一刀比剛才還快還凶。郭長生不敢怠慢，往下一坐腰，颼———，軍刀擦身而過，好玄！太田見兩刀砍空，真火了。他運足力氣，怪叫一聲，唰———，又是一個右斜削。這一刀出得急，削得快———這也是太田最拿手的一招兒，一般人休想躲過去。原來，左削和右削雖是兩個招式，但相隔幾乎是千分之一秒。如此短促的瞬間，令人閃躲不及，防不勝防。

郭長生不愧為當代武林大師，他在坐腰躲閃左削刀的同時，料到太田必有一個右削刀，所以，在太田刀削空後的瞬間，雙足蹬地，施展輕功———「旱地拔蔥」，

嗖———，彈起老高，從太田頭上一躍老遠。也就在這一瞬間避過了右削刀。太田見郭長生輕巧地避過了自己的「三絕刀」，連連歎息：「你的，高，大大地高！」揮揮手，無可奈何地放郭長生走了。

5. 痛打鹽務警

郭長生一世豪傑，錚錚鐵骨，俠肝義膽，深得人們敬仰。至今，人們還記得他捨生忘死痛打鹽務警，虎口裏救出賣鹽老漢的故事。

那是 1938 年，郭長生贏了太田的「三絕刀」後，為防他們再來糾纏，離家來到城北三十里的王辛莊姐姐家耕田度日。

一天傍黑，他偷著回到滄縣姚官屯，正看見一隊鹽務警毒打一個賣鹽老漢。這老漢滿臉是血，疼得滿地亂滾，眼看就要喪命於毒手！

路見不平，郭長生忍不住大喝一聲衝了過來。這幫傢伙一看竟有人敢斜插杠子管閒事，立時一窩蜂似地撲過來。其中一個黑大個兒，端起木槍，照著郭長生的心口刺過來。郭長生面對這幫狗漢奸，階級仇，民族恨，化作正義的力量。他心一橫，牙一咬，豁出去了！只見他頭一縮，臂一收，側身上步，一招「鞠躬扒打」帶撐拳，只聽「當」的一下，隨著一聲慘叫，這傢伙飛出一丈開外，一堵牆似地摔在地上。他這邊剛撂倒黑大個兒，後面一個傢伙已經撲了上來。好個郭燕子，腦後似有眼睛，沒容對方近身，就是一個「反點鴛鴦腿」，一腳把這傢伙蹬出十來步遠，「啪」，鬧了個仰八叉。這時左右兩個傢伙已到身

邊，剛要伸手動腳，郭長生大喝一聲，揮動如輪鐵臂，一個「左橫」「右橫」，咚咚兩聲，這兩個傢伙又翻了白眼兒。四人倒地，幾乎是在同時，那些還沒來得及撲上來的傢伙，頓時呆若木雞。面對這樣一位武林高手，哪個敢拿雞蛋撞石頭？撒腿就跑，連喊帶叫，比兔子還快……

6. 劍擊劍道高手

1930 年，孔祥熙擔任國民政府外交部長，他想在中央國術館聘請一位高手到外交部擔任武術教官，教授太極拳。哪知張之江先後選派了三個人去外交部，都被辭了回來。原來，外交部有個司長叫王長江，此人人高馬大，曾擔任過駐日本大使，在日本學習過劍道、拳擊、空手道等。此人回國以後憑仗日本人的勢力，在外交部欺上壓下，不可一世，揚言國術館派人執教，非比試一下劍法，「贏不了我王長江，甭想混這碗飯吃」。這三人都是敗後打回來的。

張之江左右為難，時值「九一八事變」前夕，這小子有日本人的關係，誰也不敢惹。張之江心想，這傢伙真是狗仗人勢，看來得派一位高手教訓教訓他。於是他找到了郭長生，說：「外交部擬請一位高手任武術教官，言定月薪與國術館的 150 元月薪相同。本館擬派先生前往外交部任職，不知先生意下如何？」郭長生說：「本人不才，願就此任。」當天晚上，好心的朋友到郭長生屋裏，勸郭長生不要去，萬一叫王長江擊敗，還怎麼在國術館任職，別把國術館這份差事給砸了。郭長生氣高膽大，時年三十四歲。他心想，你王長江依靠日本人勢力，我明天打的就是

你。非叫你那日本狗主人看看，我們中國人也不是好惹的。

　　郭長生到外交部報到，王司長果然找上門來，非要過過招、試試劍不可。郭長生早有準備。箭在弦上，不得不發了，他慨然應允。於是二人每人一把竹劍作為兵器，也沒戴護具，便交起手來。只見王司長先發制人，一上步來了一個平刺，這招叫「白蛇吐信」。郭長生在王司長出劍的同時也出了劍。兩把劍在平行交叉的瞬間，郭長生憑身手快，腕一抖，劍尖抽在王司長持劍的虎口上，頓時鮮血直流，到醫務室縫合了七針。這一招，是二人的劍交平行時，沒等對手及時變招，劍尖即橫掃了過去，這是三才劍中的一絕，叫「平掃劍」。

　　郭長生 1930 年被聘請到外交部任武術教官，直到 1937 年抗戰爆發。他憑自己高超的武功，贏得了孔祥熙及部屬成員的尊敬。

7. 飛簷走壁

　　郭長生性格剛強，進取心極強，常說：「辦一件事情，只要有決心和毅力，沒有辦不到的。」還常說：「人一能之，我十能之；人十能之，吾百能之。」青年時期的郭長生，練功之餘還加強了輕功的鑽研與練習。他對著高牆練習攀爬，憑藉自己好腰身，加上自己的好臂力，一次次苦練，失敗了再接著練。常常摔得鼻青臉腫，即使這樣也毫不氣餒。父母、老師問他：「為什麼身上、臉上青一塊紫一塊的？」他就說：「走路不小心，碰的、摔的。」

　　時間一長，果真功夫不負有心人。郭長生隨著武功的進步，輕功也有起色。他能輕鬆地翻越 2 公尺多高的牆

頭，在牆頭上還能連續做幾個空翻，然後轉體180°躍下。兩幢樓房距離一公尺多寬，他能雙臂橫撐、雙腿上移，58秒內上到6層樓高。他還能從2公尺多高的橋下飛身躍起，雙手抓住橋沿，兩臂用力，一個翻身，便站立在橋上，前後不到4秒鐘。他還創下徒手攀爬5層樓只用15秒、翻越4公尺高的障礙物只用17秒的紀錄。他還能在火車道的鋼軌單軌上奔跑100公尺而不下鋼軌，只用30秒鐘。人們都說：郭長生像燕子一樣會飛簷走壁。郭燕子的美譽就是從此得來。

七、曹晏海

一代武術名家，「燕子」郭長生的得意弟子，得其師傳，武藝超群，民國時期，先後參加上海和杭州舉辦的全國擂臺賽，擊敗各路高手，獲「武狀元」美譽。

有關曹晏海的軼事，筆者已在前部著述《苗刀技法》中作了詳細介紹，本書不再重複。

八、劉景雲

劉景雲，男，河北靜海獨流人，劉玉春的嫡孫。他練通臂有獨到的功夫。如打「斬」的功夫，首先要形神鬆靜，思想專一，原地站立，手鬆握不拿勁，雙臂此舉彼落，此伸彼屈地自然擺動，氣下沉入丹田，用鼻隨拳落行氣，步不動，右腳撐腳尖，向後擺腳後跟。打左斬亦然，惟方向相反。其力由腳激發腿、腰、背大肌群連續向上傳

送達於手臂，這樣一而十，十而百，百而千地打，運動量逐漸增加，能量匯集於手臂，久而久之，筋骨肌腱就會產生質的變化，發出特異功能。劉景雲兩臂平伸，就有兩個紅球沿兩臂來回串動，這叫「通臂丹」。打斬練到一定程度就會出現這種現象。打斬就是這樣練出特殊力量。

通臂拳都有哪些功能呢？一是硬度接近鋼板，在某種程度上又超過鋼板。比如，獨流通臂祖師李登弟一拳曾打死一條壯牛。即使以鐵錘擊牛也不易一錘把牛擊斃。當然，這只是傳說。

劉景雲當年在天津咸水沽張漢東處演示手臂抗木棍擊打。當時在場的有一個搬運小夥子自恃「孔武有力」。可能練過打牆硬功，很不服氣。他用拳打劉景雲胳膊，一拳下去，立即唉喲一聲，捧著手直轉圈，臉色也變黃了，好多天過去，手臂還是抬不起來。事後他說：「簡直碰到鐵上了。」

據劉景雲自己說，牆上釘的釘子，被他手臂碰上也會碰彎。劉景雲能堅持練功不輟。即使擱下多年，短期即能恢復原狀。

劉景雲和曹晏海交厚。1937 年，曹得病，靠劉景雲服侍、照顧，直到曹去世。劉景雲思潮進步，曾化妝由九江去延安，投奔共產黨，後由延安派赴冀東抗日前線，據傳在咸水沽一帶搞地下工作，被敵人殺害。這只是傳說。

九、莊連印

莊連印，天津西郊靜海縣獨流鎮人。1914 年生，現今

89 歲。住天津塘沽區。幼年隨兄莊連芳一同習武，曾得到通臂正宗傳人劉玉春的嫡孫劉景雲的傳授。幾十年一邊工作一邊研究武術，造詣頗深。知識淵博，曾書寫過不少武術資料。現在他身體依然健壯，是健在的獨流老前輩。

十、呂建元

呂建元，1916 年 2 月出生。河北省靜海縣獨流鎮人。現住天津市小王莊聯誼裏四門 309、312 號。幼年多病，1925 年開始在少林武會學習套路。1933 年拜師王治林學通臂拳。1940 年拜劉樹年（靜海人）老師、華奎元老師學苗刀，也曾受藝於郭長生老師，學拳藝、散手等。

1952 年曾參加天津市舉行的全國民族形式體育運動會，所表演的苗刀、拳術均獲得優秀獎。1976 年退休後，深入研究武術，又掌握了延年益壽之功。現年 88 歲，每天早晨還堅持練武一兩個小時，走路，騎車，精神頭不減當年。通臂二十四勢可以一氣兒練下來，需要五六分鐘，尤以通臂單操手、三個對打、十三頭最為擅長，練演時通身無處不彈簧，鷹膀鶖翻，令人驚歎。《天津日報》《靜海報》曾多次對呂老進行採訪，刊登了呂老的武術生涯和事蹟。晚年與郭長生之子郭瑞祥交厚。

十一、郭景春

郭景春（1916～1987 年）又名建偉。滄縣城裏東門口內文昌街人。

郭 8 歲從師楊昆山習燕青拳。民國二十三年（1934年）去南京中央國術館求學，經其大伯郭錫山和孫玉銘（時任中央國術館學生大隊大隊長）介紹，拜郭長生（郭燕子）為師習通臂拳、劈掛拳、散打等。他大手大腳，腿長臂長，加之天資聰穎，練功刻苦，長進甚快，所以成為中央國術館學員中的佼佼者，曾代表中央國術館打敗菠館比武的北京名拳師劉光堃。

民國二十五年（1936年），在南京參加全國武術比賽，獲散打第一名。然後他又和劉增福爭奪長兵之冠。劉是南京有名的大杆子拳師，有「杆打香火頭」之稱，卻敗於郭之苗刀手下，郭又獲長兵第一名，館長張之江贈龍泉寶劍一把。為酬謝恩師栽培，他將此劍送到恩師郭長生家中以作紀念，此劍在郭長生家保存 40 年，80 年代由郭長生之子瑞林、瑞祥送還給郭景春。

民國二十六年（1937年），抗日戰爭全面爆發，郭隨國術館遷往重慶，被派到警校任少校武術教官，後入國民黨三十軍，民國三十七年（1948年）在良鄉、璃玻河和霸州牛崗一帶向解放軍投誠，算起義軍人。後入冀東唐山建國學院學習，1950 年分配到永年縣任文化教員。1954 年返里教武，歷任滄州市武協副主席。

郭景春對恩師郭長生崇敬備至。1945 年日本投降，他在高樹勳部任少校營長，在邯鄲被劉鄧大軍打垮後逃回家鄉滄州，首先到恩師郭長生家中看望恩師，而後才回到家裏看望自己母親。他自言「我沒有恩師便沒有今天」。此後，國民黨接收滄州的最高司令張華堂委任郭景春為河北省獨立團四團三營營長。張華堂有愛將癖，曾把接收日本

駐滄司令太田使用的兩把戰刀贈給郭景春，而郭景春一把不留，轉贈給了恩師郭長生。這兩把日本戰刀可稱作日本刀中的精品，削鋼斷鐵，吹毛利刃。可惜這兩把寶刀在1947年滄州解放前夕，郭長生之子瑞林、瑞祥，怕惹出是非，用麻袋裹好，扔到門前大坑中。現已失落。

十二、郭瑞林

郭瑞林，1925年生，滄州市馬道街人。滄州市車輛廠技術工人。曾任滄州市武協副主席。

郭瑞林自幼隨父郭長生（人稱郭燕子）習通臂拳，善武術散打。郭從1970年開始傳藝，收徒50餘人。1983年，他在滄州市機械局成立武術隊，參加滄州市第三屆運動會，獲團體總分第一名。同年，其徒王柏生參加全國散打比賽，獲70公斤級第四名。1987年，其徒何清賢參加滄州舉行的全國散手邀請賽，獲70公斤級第四名，1989年參加滄州首屆武術節，獲散手比賽70公斤級第一名。1989年，其徒陳鳳明參加山東德州地區武術比賽，獲兩項第一名和一項第三名，並在德州授徒三十多人。

郭瑞林有一子一女，子貴增曾隨爺爺郭長生、父親郭瑞林習武較刻苦，喜愛散打，精通臂、劈掛、苗刀、瘋魔棍等，在全國和省傳統武術比賽中獲得過優秀成績。

郭瑞林武術造詣頗深，演練通臂拳從籃球場一個籃架下開始，三個單打動作打到另一籃架下，足有三十多米。昔與師兄弟王德明散打，一個拽（通臂單打動作）把王德明打得雙腳朝上，頭朝下。

十三、高玉清

　　高玉清，滄州城外南柵欄人。自幼熱愛武術，後考入中央國術館，拜「郭燕子」郭長生為師習練通臂拳。高玉清腿長、胳膊長，反應速度極快，尤以腿法見長，成為中央國術館學員中的佼佼者。後參加 1936 年在南京舉行的全國運動會，散手獲次羽量級全國第一名。得館長張之江贈送的龍泉寶劍一柄。

　　高玉清雖身懷絕技，但遵祖訓，不輕易教人，一生只教了一個弟子，即滄州市第一任市長劉宗培，其餘拜師者多人，但幾十年未教一手。他認為，先人留下的技藝實是瑰寶，不能輕易傳人，怕壞人得去為非作歹。

　　高玉清性格剛烈，話不投機就動手，故外號人稱「高大愣」。但他對其恩師郭長生崇拜得五體投地。昔和老伴打架，父母干預都不頂事。其老伴找到郭長生，郭於是找他來，狠狠地批評一頓，最後罵他「不是人脾氣」。他屢次遭恩師訓斥，卻心服口服，依然崇敬。自己說：「我就是我老師的狗，打我罵我我也忠於老師。」他臨死前躺在床板上，對家人說：「南京中央國術館什麼能人沒有？我為什麼拜郭長生為師、為爹呢？因為他老是神！」說完最後一句話就咽氣了。此事家人都知道。

　　生前與賣柴禾的數十人鬥毆，一個赤手空拳打敗手持扁擔的賣柴禾的數十人。

　　高玉清 1914 年生，卒於 1985 年。

導引養生功 系列叢書

張廣德養生著作

每冊定價 350 元

全系列為彩色圖解附教學光碟

彩色圖解太極武術

1 太極功夫扇

220元

2 武當太極劍四十九式

220元

3 楊式太極劍五十六式

220元

4 楊式太極刀

220元

5 二十四式太極拳+VCD

350元

6 三十二式太極劍+VCD

350元

7 四十二式太極劍+VCD
350元

8 太四十二式太極拳+VCD

350元

9 楊式十六八十八式太極劍+VCD

350元

10 楊氏二十八式太極拳+VCD

350元

11 楊式太極拳四十式+VCD

350元

12 陳式太極拳五十六式+VCD

350元

13 吳式太極拳四十五式+VCD

350元

14 精簡陳式太極拳八式十六式

220元

15 精簡吳式太極拳三十六式 拳架·推手

220元

16 夕陽美功夫扇

220元

17 綜合四十八式太極拳+VCD

350元

18 三十二式太極拳 四段

220元

19 楊氏三十七式太極拳+VCD

350元

20 楊氏五十一式太極劍+VCD

350元

古今養生保健法　強身健體增加身體免疫力

養生保健 系列叢書

1 醫療養生氣功
定價250元

2 中國氣功圖譜

定價250元

3 少林醫療氣功精粹

定價250元

4 龍形實用氣功

定價220元

5 魚戲增視強身氣功

定價220元

7 道家玄牝氣功

定價200元

8 仙家秘傳袪病功

定價160元

9 少林十大健身功

定價180元

10 中國自控氣功

定價250元

11 醫療防癌氣功

定價250元

12 醫療強身氣功

定價250元

13 醫療點穴氣功
定價250元

14 中國八卦如意功

定價180元

15 正宗馬禮堂養氣功

定價420元

16 秘傳道家筋經內丹功

定價300元

17 三元開慧功

定價250元

18 防癌治癌新氣功

定價180元

19 禪定與佛家氣功修煉

定價200元

20 顛倒之術

定價360元

21 簡明氣功辭典

定價360元

22 八卦三合功

定價230元

23 硃砂掌健身養生功

定價250元

24 抗老功

定價230元

25 意氣按穴排濁自療法
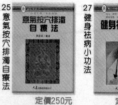
定價250元

27 健身袪病小功法

定價200元

28 張氏太極混元功

定價250元

29 中國璇密功

定價250元

30 中國少林禪密功

定價200元

31 郭林新氣功

定價400元

32 八卦之源與健身養生

定價280元

33 現代原始氣功1

定價400元

太 極 跤

1 太極防身術

定價300元

2 擒拿術

定價280元

3 中國式摔角

定價350元

簡化太極拳

1 陳式太極拳十三式

定價200元

2 楊式太極拳十三式

定價200元

3 吳式太極拳十三式

定價200元

4 武式太極拳十三式

定價200元

5 孫式太極拳十三式

定價200元

6 趙堡太極拳十三式

定價200元

傳統民俗療法 系列叢書

1 神奇刀療法

定價200元

2 神奇拍打療法

定價200元

3 神奇拔罐療法

定價200元

4 神奇艾灸療法

定價200元

5 神奇貼敷療法

定價200元

6 神奇薰洗療法

定價200元

7 神奇耳穴療法

定價200元

8 神奇指針療法

定價200元

9 神奇藥酒療法

定價200元

10 神奇藥茶療法

定價200元

11 神奇推拿療法

定價200元

12 神奇止痛療法

定價200元

14 神奇新穴療法

定價200元

13 神奇天然藥食物療法

定價200元

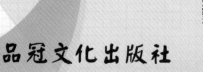

品冠文化出版社

歡迎至本公司購買書籍

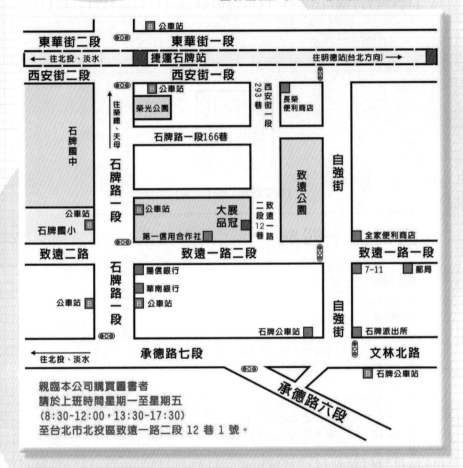

親臨本公司購買圖書者
請於上班時間星期一至星期五
(8:30~12:00，13:30~17:30)
至台北市北投區致遠一路二段 12 巷 1 號。

建議路線

1.搭乘捷運

　　淡水線石牌站下車，由出口出來後，左轉(石牌捷運站僅一個出口)，沿著捷運高架往台北方向走(往明德站方向)，其街名為西安街，至西安街一段293巷進來(巷口有一公車站牌，站名為自強街口)，本公司位於致遠公園對面。

2.自行開車或騎車

　　由承德路接石牌路，看到陽信銀行右轉，此條即為致遠一路二段，在遇到自強街(紅綠燈)前的巷子左轉，即可看到本公司招牌。

國家圖書館出版品預行編目資料

通臂二十四勢／郭瑞祥　主編
　　──初版，──臺北市，大展，2006年〔民95〕
　　　面；21公分，──（中華傳統武術；10）
　　　ISBN　957-468-479-2（平裝）

　1.拳術─中國
528.97　　　　　　　　　　　　　95012210

通臂二十四勢

ISBN 957-468-479-2

主　　編／郭　瑞　祥
責任編輯／張　建　林
發 行 人／蔡　森　明
出 版 者／大展出版社有限公司
社　　址／台北市北投區（石牌）致遠一路2段12巷1號
電　　話／（02）28236031・28236033・28233123
傳　　眞／（02）28272069
郵政劃撥／01669551
網　　址／www.dah-jaan.com.tw
E－mail ／ service@dah-jaan.com.tw
登 記 證／局版臺業字第2171號
承 印 者／高星印刷品行
裝　　訂／建鑫印刷裝訂有限公司
排 版 者／弘益電腦排版有限公司
授 權 者／北京人民體育出版社
初版1刷／2006年（民95年）9月

定價／280元